DON BOSCO
VERLAG

stärker

als der Haß

Geistliche Übungen zu Schuld und Versöhnung

Don Bosco

Elmar Gruber

Elmar Gruber ist Referent für die religionspädagogische Aus- und Fortbildung von Katechet/-inn/-en und Religionslehrer/-inne/-n im Schulreferat der Erzdiözese München und Freising.

Margret Russer lebt und arbeitet als freie Grafikerin und Illustratorin in München.

Die Deutsche Bibliothek – CIP-Einheitsaufnahme

Gruber, Elmar:
Stärker als der Haß : geistliche Übungen zu Schuld und Versöhnung / Elmar Gruber. –
1. Aufl. – München : Don Bosco, 1998
ISBN 3-7698-1086-4

verlags gruppe engagement

1. Auflage 1998 / ISBN 3-7698-1086-4

Umschlag und Gestaltung: Margret Russer
Gesamtherstellung: Salesianer Druck, Ensdorf

Beitrag zum Umweltschutz, weil aus 100 % Altpapier

Inhalt

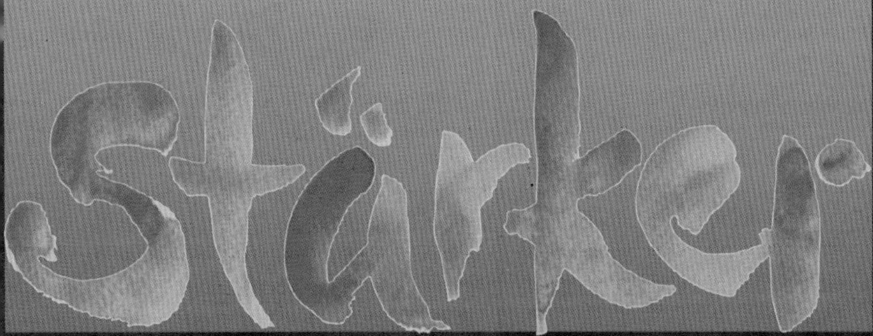

Geistliche Übungen für den Alltag

Die äußeren Einflüsse des Lebens und die Einflüsse aus dem äußeren vergänglichen Bereich des Lebens sind so stark, daß sie uns immer wieder ablenken vom inneren Bereich des Lebens, in dem wir das Leben in seiner Unvergänglichkeit und Unzerstörbarkeit erahnen und erfahren können. Die unzerstörbare Freude und den ewigen Sinn unseres vergänglichen Lebens können wir nur finden, wenn wir durch die Äußerlichkeit des Lebens zu seiner Innerlichkeit gelangen. Der Sinn des Vergänglichen ist seine Zeichenhaftigkeit für das Ewige, Eigentliche.

Es gibt viele Arten von Übungen, »Exerzitien«, die hilfreich sind, um das eigentliche, unvergängliche, ewige Leben – um Gott – zu entdecken, in dem wir sind, und der in uns ist. Solche Übungen stärken das innere Sehen, unser geistiges Auge, mit dem wir den Durchblick nach innen und nach oben gewinnen.

Die Impulse dieses Buches sprechen zunächst die Erfahrung und Selbsterfahrung des Menschen an. Jeder Mensch erfährt in seiner Sehnsucht, daß ihm etwas fehlt: die Geborgenheit, das Urvertrauen, das Glück. Zudem ist jedem Menschen das Schema von Rache und Vergeltung als biologisches Erbe angeboren, das der Begrenzung und der Verwandlung durch die Liebe bedarf. Wenn aus Vergeltung nicht Vergebung wird, zerstört der Mensch sich selbst und seine Welt. Friede, Glück und Geborgenheit sind mehr und etwas anderes als das Gleichgewicht von Angst und Vergeltung.

Die Stimme der Sehnsucht sagt genau, was jeder Mensch braucht, um Mensch zu werden: die unbedingte, unverlierbare Liebe, die stärker ist als alle Macht des Bösen, stärker als der Haß. Diese absolute Liebe überwindet alles Böse, Rache und Vergeltung –, indem sie die Kraft des Hasses in Liebe verwandelt. Diese Liebe muß stärker sein als der Haß; sie muß allen Haß ertragen können, um ihn zu verwandeln.

Gott ist diese Liebe. Im Gekreuzigten ist diese Liebe ergreifend offenbar geworden, damit wir uns von ihr ergreifen lassen und selbst barmherzig werden – uns selbst, den anderen und allen Geschöpfen gegenüber.

Die Impulse dieses Buches wollen dazu beitragen, daß die allvergebende Liebe Gottes in uns aufgeht, damit sie uns durchdringen und erlösen kann von aller Angst. Die Einheiten stehen untereinander in keinem unmittelbaren Zusammenhang; es werden verschiedene Wirklichkeiten des Lebens und des Glaubens angesprochen, die auf dem Weg der Selbstverwirklichung aus dem Glauben wichtig sind.

Die österliche Bußzeit ist seit jeher eine Zeit der Besinnung, Einkehr und Umkehr, – eine Zeit der Erneuerung. Darum sind die Impulse besonders geeignet als Anregung für die Gestaltung dieser Zeit. Die/der Benützer/in dieses Buches muß selbst herausfinden, ob sie/er sich täglich, wöchentlich oder etwa an einem Wochenende intensiv mit den Texten befassen will. Mancher Impuls bedarf vielleicht der mehrfachen Wiederholung, damit er »greifen« kann.

Wenn wir schließlich bedenken, daß nicht nur die sog. Fastenzeit, sondern unser ganzes Leben »Bußzeit« ist, dann sollen die Impulse nicht nur für eine bestimmte Zeit im Jahr, sondern überhaupt Anregung zu Bekehrung und Verwandlung sein.

Jede Einheit dieses Buches ist fünffach gegliedert:

1. Leitgedanke des Kapitels
2. ein kurzer Schrifttext oder ein Hinweis auf eine biblische Erzählung
3. verdichtete Impulstexte
4. eine meditative weiterführende Interpretation der Impulse
5. ein abschließendes Gebet.

Gott liebt, Gott ist die Liebe

Gott ist die absolute Liebe.
Er hat nie aufgehört und wird nie aufhören, die Welt und alle Menschen bedingungslos zu lieben.

»Und wie Mose die Schlange in der Wüste erhöht hat, so muß der Menschensohn erhöht werden, damit jeder, der (an ihn) glaubt, in ihm das ewige Leben hat. Denn Gott hat die Welt so sehr geliebt, daß er seinen einzigen Sohn hingab, damit jeder, der an ihn glaubt, nicht zugrunde geht, sondern das ewige Leben hat.« (Joh 3,14–16)

Das Zeichen des Gekreuzigten

Zeichen zeigen Wirklichkeiten.
Im Gekreuzigten spiegeln sich
unsere Wirklichkeit und unsere Not:
das Fehlen der Liebe.
Wo die Liebe fehlt,
regiert der Haß.
Haß bringt Grausamkeit und Tod.
Haß ist vernichtend.
Im Haß vernichten wir uns selbst,
indem wir andere vernichten;
und wir vernichten andere,
indem wir uns selbst vernichten.
Menschliche Liebe
schlägt oft um in Haß:
Rache und Vergeltung;
Mord, Selbstmord aus Eifersucht.
Haß macht Angst.
Angst macht Haß.

Doch im Gekreuzigten
offenbart sich auch die Liebe,
die stärker ist als der Haß;
die absolute Liebe,
die nie in Haß umschlägt,
die den Haß erduldet,
um ihn gewaltlos zu bezwingen
und ihn in Liebe verwandeln.
Im Gekreuzigten
sind Menschenhaß und
Gottesliebe eins geworden.
Im Sieg der absoluten Liebe
können wir erahnen,
daß letztlich auch im Bösen
die Liebe in Erscheinung tritt –
so, wie sich der Sieger
im Besiegten offenbart.

Gott zeigt sich den Menschen

Jesus Christus, das menschliche Antlitz Gottes«. Dies war das Leitwort für das vergangene Jahr zur Vorbereitung der Jahrtausendwende. Gott kann sich sehen lassen; Gott kann sich hören lassen. Und er hat dies getan in Jesus Christus.

Sich und seinen Auftrag vergleicht Jesus mit dem Geschehen damals in der Wüste *(beschrieben in Num 21,8f.)*. Die Menschen wurden von Giftschlangen geplagt. Mose errichtet im Auftrag Gottes ein rettendes Zeichen: eine kupferne Schlange auf einer Stange, so daß alle, die gebissen wurden und dazu aufblicken, nicht mehr sterben müssen. Man muß der Gefahr ins Auge blicken; man darf das, was

Angst macht und den Tod bringt, nicht verdrängen und ignorieren. Gleichzeitig aber muß man den Blick nach oben richten: Alle rettende, vom Tod rettende Kraft kommt von oben. Im Anblick der Not und der Gefahr und im Aufblick zu Gott geschieht Rettung.

Zeichen zeigen Wirklichkeiten. Wirklichkeiten fangen an, sich auszuwirken, indem sie gezeigt werden. Wenn wir uns den gezeigten Wirklichkeiten aussetzen und öffnen, können sie in uns einwirken; wir können davon ergriffen werden.

Der gekreuzigte Jesus, der »erhöhte Herr«, ist das Zeichen unserer Rettung. Es zeigt uns zunächst unsere Not und die Nöte, die unserer Not entspringen. Der Mensch, dem das Urvertrauen, die Geborgenheit in Gott fehlt, ist wie ein gefangenes Tier; er ist eingesperrt in sich und mit sich selbst. Aus dieser Ungeborgenheit entspringt die Angst, die alles Böse und Schreckliche hervortreibt.

Der Gekreuzigte zeigt uns ferner – und das ist das Entscheidende –, daß uns Gott in unserer subjektiven Gottlosigkeit mit seiner unbedingten Liebe nahe ist und versucht, uns ganz menschlich nahezukommen. Gott gibt sich selbst durch Jesus den Menschen hin – ohne Gewalt und ohne Zwang, damit die Menschen irgendwann erkennen können, daß sie ewig Geliebte – mit ewiger Liebe unverlierbar Geliebte – sind und in der Annahme dieser Liebe totale Rettung finden durch die Befähigung zur vergebenden Liebe.

Gott, die Liebe, zwingt nicht. Gott zeigt sich nur im Zeichen des Gekreuzigten, damit die Menschen seine absolute Liebe sehen, davon ergriffen werden, sich selbst ändern und liebend werden. Gott ändert den Menschen nicht von außen, sondern von innen. Die gottgegebene Freiheit des Menschen ist auch für Gott unantastbar. Doch sind wir in unserer Freiheit vielen guten und bösen Einwirkungen ausgesetzt, mit denen wir uns auseinandersetzen müssen. Wenn uns die absolute Liebe aufgeht, die uns der Gekreuzigte zeigt, ist dies wohl die attraktivste und faszinierendste Einwirkung; denn diese Liebe entspricht genau unserer Sehnsucht. »Meine Seele dürstet nach Gott, nach dem lebendigen Gott« *(Ps 42,3)*.

Die Macht der Liebe besteht in ihrer Anziehungskraft. Gewalt zwingt und macht Angst. Die Macht der Liebe hebt die Freiheit nicht auf; im Gegenteil, sie spricht den Menschen in seiner Freiheit an und setzt sein Ich frei. Wenn ich der Liebe folge, spüre ich am stärksten, daß *ich* es bin, der der Liebe gerne, mit Freude, folgt. Dostojewski begründet den Kreuzestod Jesu so: »Weil dich nach freier Liebe dürstete, nicht nach dem knechtischen Entzücken vor der Macht«. Gott will die Menschen in ihrer Freiheit an sich ziehen. »Und ich, wenn ich über die Erde erhöht bin, werde alle zu mir ziehen« sagt Jesus *(Joh 12,32)*.

Die Erhöhung Jesu am Kreuz führt uns in die Hoheit der vollendeten und vollendenden Liebe. Wenn diese Liebe auf uns und in uns wirkt, befreit sie uns von den Zwängen und Verhaftungen an das Vergängliche. Aus der Vergötzung des Irdischen entspringen ja immer wieder die Ängste und Verzweiflungen, die uns die Lebensfreude rauben. Besonders der Evangelist Johannes betont immer wieder, daß wir durch das Leben und Sterben Jesu fähig werden, vom Tod zum unverlierbaren Leben hinüberzugehen, schon bevor wir physisch sterben. Wer sich auf Jesus einläßt, in den läßt sich

Jesus ein und bewirkt, daß er glücklich *in* dieser Welt leben kann, weil er im Innersten nicht mehr *von* dieser Welt leben muß. Dies bedeutet nun keineswegs weltflucht, sondern im Gegenteil Weltdienst, aber nicht mehr nach Maßgabe von Egoismus, Ausbeutung und Rücksichtslosigkeit, sondern nach Maßgabe der Liebe. Es ist die Tragik, daß wir in unserer Sünde, d.h. in unserer subjektiven Gottlosigkeit, zwar diese ungeheure *Sehnsucht nach mehr* erfahren; aber wir lenken diese Sehnsucht nicht nach oben, sondern wir richten sie nur auf das Irdisch-Vergängliche, auf den Konsum. So suchen wir immer wieder ein Mehr *an* Konsum statt ein mehr *als* Konsum. Das Zeichen des Gekreuzigten deutet schließlich all unsere Sehnsüchte als Sehnsucht nach Gott und offenbart dadurch den ewigen Sinn unseres irdischen Lebens.

Vielleicht können Sie sich etwas Zeit nehmen, um ein Bild des Gekreuzigten zu betrachten oder ein Kreuz in die Hand zu nehmen. Lassen Sie den Satz auf sich wirken: »Gott hat die Welt so sehr geliebt, daß er seinen einzigen Sohn hingab, damit jeder, der an ihn glaubt, nicht zugrunde geht, sondern schon jetzt das ewige Leben und die unverlierbare Freude hat.«

Wer sich am Kreuz festhält, der findet festen Halt im Kreuz. Wer das Kreuz aufrecht hält, den wird das Kreuz aufrecht erhalten.

Herr, dein heiliges Kreuz verehren wir; denn durch dein Kreuz kam die Freude in die Welt.

Das Leben finden

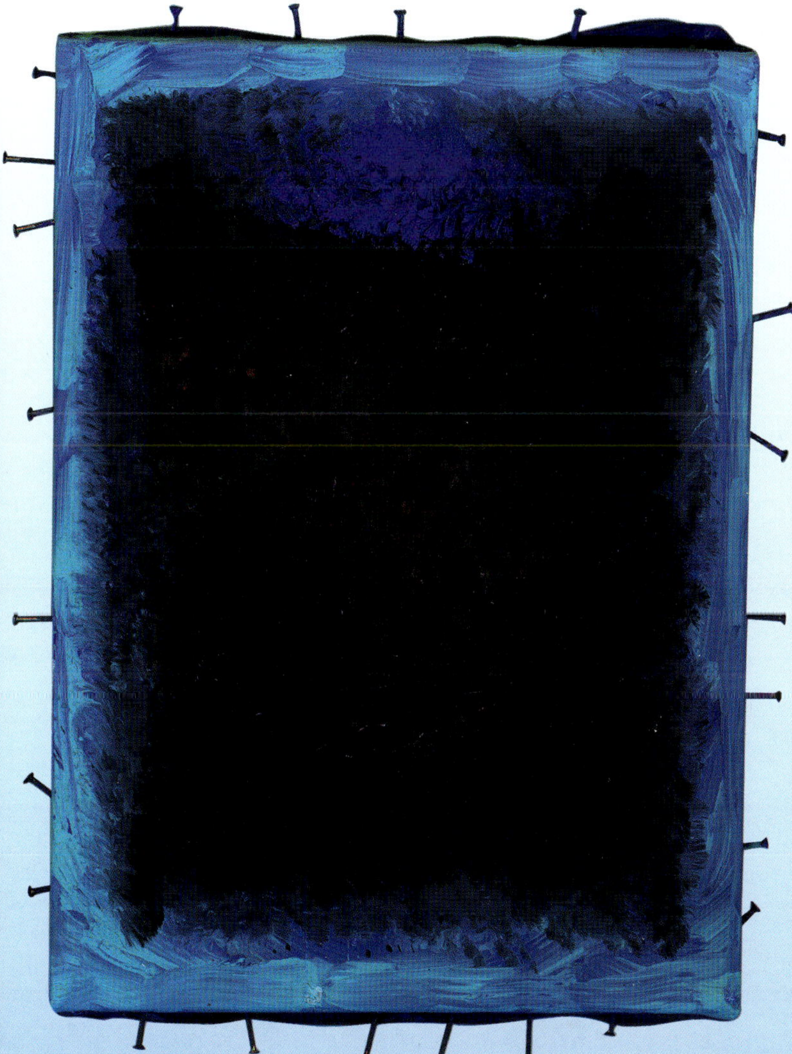

Der Sinn und die Erfüllung unseres Lebens besteht in der liebenden Nachfolge Jesu.

»Wer Vater oder Mutter mehr liebt als mich, ist meiner nicht wert, und wer Sohn oder Tochter mehr liebt als mich, ist meiner nicht wert. Und wer nicht sein Kreuz (auf sich) nimmt und mir nachfolgt, ist meiner nicht wert. Wer sein Leben gefunden hat, der wird es verlieren, und wer sein Leben um meinetwillen verliert, der wird es finden.« (Mt 10,37–39)

»Amen, ich sage euch: Jeder, der um meinetwillen und um des Evangeliums willen Haus oder Brüder, Schwestern, Mutter, Vater, Kinder oder Äcker verlassen hat, wird das Hundertfache dafür empfangen: Jetzt in dieser Zeit…« (Mt 10,29–30)

Haben müssen

Es ist die Eigenart
unseres angeborenen Besitztriebes,
daß wir alles, was uns Freude macht,
haben und besitzen müssen.

Und doch erleben wir immer wieder:
Wenn unser Glück
am Haben und Besitzen hängt,
geht es immer wieder verloren.

Nach der augenblicklichen Sättigung
entsteht der Hunger
nach noch mehr.
Der irdische Fortschritt
hat kein irdisches Ziel;
denn Fortschritt
verlangt immer
nach Fortschritt
und kommt nie zur
Zufriedenheit.

Es ist eine paradoxe Lebensweisheit:
Die Freude an dem, was man besitzt,
wird erst möglich
durch die Freude an dem,
was man nicht besitzt.
Die Freude an dem, was man nicht besitzt,
wird mühsam gelernt durch Verzicht.
Enttäuschung und Verlust haben einen Sinn,
wenn ich durch sie freier werde.

Wer Menschen besitzen will,
wird sie mit Sicherheit verlieren.
Und erst, wenn er bereit ist loszulassen,
kann er sie als Leihgeschenk empfangen
und glücklich werden.

Unser Leben schwankt
zwischen den Extremen:
Wer frei ist vom Haben-Müssen,
dem wird alles zum Geschenk;
wer besessen ist vom Haben-Müssen,
verliert alles:
nämlich das »Eigentliche«
und den Sinn des Lebens.

Jesus sagt dies sehr verdichtet:
»Wer hat, dem wird gegeben,
und er wird im Überfluß haben.
Wer aber nicht hat,
dem wird auch noch weggenommen,
was er hat.« *(Mt 10,12)*
Wer das Nicht-haben-Müssen hat,
gewinnt alles.
Wem das Nicht-haben-Müssen fehlt,
der steht schließlich vor dem Nichts.

Sich auf Jesus verlassen

Viele Menschen finden den Sinn ihres Lebens nicht, weil sie den Sinn selbst *machen* wollen. Auf der Suche nach einer tragenden Lebensfreude verlassen sie sich nur auf sich selbst oder ganz und gar auf einen Menschen, den sie in Besitz nehmen und für ihr Glück haftpflichtig machen. Wenn mir Enttäuschungen von Menschen oder der Verlust von bestimmten äußeren Lebensqualitäten so zusetzen, daß ich nicht mehr leben mag, dann ist das ein sicheres Zeichen, daß ich mich getäuscht und mich auf etwas verlassen habe, das im Tiefsten gar nicht glücklich machen kann. Nun sind wir Menschen aber abhängige Geschöpfe und so geartet, daß wir uns auf irgend etwas verlassen müssen. Wir brauchen einen Halt und einen Inhalt des Lebens. Wo müssen wir suchen? Wo können wir ihn finden?

Das Wort »ver-lassen« besagt etwas Negatives und Positives zugleich: Wir müssen zunächst etwas loslassen. Und dann müssen wir uns auf etwas ganz einlassen. Das

Leben verlangt immer wieder einerseits den Verzicht auf liebgewordene Gedanken, Vorstellungen und Wünsche und andererseits immer wieder Entscheidungen für etwas Neues, Unbekanntes. In dieser Spannung von Loslassen und sich Einlassen besteht die Dynamik des Lebens, die uns herausfordert, das Risiko des Lebens immer wieder neu zu wagen und auf uns zu nehmen.

Jesus ermutigt uns, das Wagnis des Lebens ganz im Vertrauen auf das Leben selbst, auf die absolute Liebe – auf Gott – einzugehen. Diesen Gott der Liebe, den er selbst als »Sohn Gottes« verkörpert, will uns Jesus einladend nahebringen. In dem Maße als es gelingt, sich letztlich ganz auf Gott zu verlassen, verlieren die Wechselfälle des irdischen Lebens ihren beängstigenden Charakter. Wer sich auf Gott verläßt, erlangt eine gewisse Immunität gegenüber den zerstörerischen Mächten in der Welt. Wer Jesus nachfolgt, überwindet die Angst und kann schon in dieser Welt und in allem, was die Welt bietet, Geborgenheit finden. »Ich habe die Welt überwunden« *(Joh 16,33)* sagt Jesus. Jesus und jeder, der sich auf Jesus verläßt, überwindet die Welt nicht dadurch, daß er die Welt abwertet oder verläßt, sondern dadurch, daß er Gott zur Welt, den Himmel auf die Erde bringt. Wenn Gott in die Welt kommt, müssen die falschen Götter weichen. Das Wort »Gottverlassenheit« besagt eigentlich das Gegenteil: Gott verläßt uns nie; aber wenn wir uns nicht auf ihn verlassen, können wir seine Nähe nicht spüren.

Wenn Jesus sagt, wir sollen Vater, Mutter, Geschwister, Frau und Kinder – alles – verlassen um des Evangeliums bzw. um des Himmelreiches willen, dann besagt das, wir sollen keine Menschen, auch die liebsten, und nichts Irdisches vergötzen. Wenn Liebende zueinander sagen: »Du bist mein alles«, ist das wunderbar, wenn es den irdischen Bereich betrifft. Absolut betrachtet aber, wenn mir nicht mehr Gott alles ist, wenn ich einen Menschen mehr liebe als Gott, ist diese Liebe zum Scheitern verurteilt. Wer ein Leben liebt, in dem nicht Gott »Spitze« ist, wird es verlieren. Wer ein Leben liebt, in dem Gott »Spitze« ist, wird es gewinnen. Das heißt, schon in dieser Zeit wird alles Irdische zum beglückenden Geschenk, weil es Zeichen der ewigen Liebe ist, und ich muß nichts mehr besitzen, um mich daran freuen zu können.

Die seliggepriesene Armut liegt gewiß nicht im sozialen Notstand, sondern in der Fähigkeit, sich an allem freuen zu können. Es ist zudem die Einsicht allgemein menschlicher Erfahrungsweisheit, daß die innere Freiheit vom Besitz, die auch ein begüterter Mensch haben kann, notwendig ist zum Glück. *(Ein Beispiel ist hier das unsterbliche Märchen vom »Hans im Glück« oder die Verse von Wilhelm Busch: »Enthaltsamkeit ist das Vergnügen an Dingen, welche wir nicht kriegen. Lebe mäßig, denke klug: Wer nichts mehr braucht, der hat genug.«)*

Wenn wir uns nun auf Gott verlassen wollen, so brauchen wir doch einen ganz praktischen Zugang zu ihm. Und wenn wir andere zur Nachfolge Jesu ermutigen wollen, müssen wir Gott ganz praktisch zeigen können. Nachfolge Jesu ist kein moralischer, sondern ein existentieller und spiritueller Weg. Wo kommt Gott vor in unserem praktischen Leben, und wie kommt er vor? Es sind die »gotthaltigen« Augenblicke der Freude und des Glücks, in denen wir Gott entdecken können. Wir können Gott finden zwar nicht mit der

Logik rationaler Beweise, sondern mit der Glaubenskraft des Herzens. Der gefundene Gott kann und muß dann freilich mit der Kraft der Vernunft bestätigt werden.

Viele Menschen erleben Freude und Glück, aber es fehlt ihnen noch die Deutung aus dem Glauben. Sie wissen noch nicht, daß Gott der Ursprung der Freude und des Glücks ist, jene Kraft, mit der ich auch Leid und Tod bestehe. Der Weg der Enttäuschungen führt zur Wahrheit. Wir müssen zunächst durch Erfahrung lernen, worauf wir uns nicht verlassen können, damit wir leichter das Vertrauen gewinnen, uns ganz auf Gott einzulassen trotz aller Zweifel und ungelösten Fragen. Unsere Probleme können erst verschwinden, wenn wir uns auf Gott verlassen haben – nicht vorher.

Jeder muß schließlich selbst leben, um sein Leben zu gewinnen. Jesus betont: »Wer nicht sein Kreuz auf sich nimmt, wird es verlieren.« Kreuz ist ein Symbol für Mühsal: Jeder trage die Last seines Lebens selbst und lade sie nicht anderen auf! Wir bleiben trotzdem darauf angewiesen, einander mit unserer Last zu ertragen. Kreuz ist das Symbol für die Einheit der Gegensätze; oben und unten, links und rechts sind eins in der Mitte. Der Mensch muß sich annehmen in seiner Gegensätzlichkeit von Gut und Böse, von Unkraut und Weizen, Fähigkeit und Unfähigkeit, Freude und Leid. Erst in der Annahme von beidem gelange ich zur Harmonie des Lebens.

Im Markusevangelium heißt es: »Ein Mann fragt Jesus: Meister, was muß ich tun, um das ewige Leben zu erlangen? Jesus antwortet: Halte die Gebote. Der Mann erwidert ihm: Dies tue ich von Jugend an. Jesus sagt: Verkaufe alles, was du hat und folge mir nach.« *(Mk 10,17–21)* – Gebote sind Hilfen auf dem Weg zum Leben, aber nicht der Weg selbst.

Legalismus, Buchstabenfrömmigkeit, verhindern den Weg der selbstlosen und selbstverantwortlichen Nachfolge Jesu, der zum wahren Leben führt. Die Gebote dienen der Liebe, aber sie ersetzen sie nicht. Die Gebote zeigen uns, was normalerweise die Liebe verlangt.

Gerade heute entsprechen sehr viele Lebenssituationen nicht mehr der Normalität. Hier ist nun die Selbstverantwortlichkeit des liebenden Herzens gefordert. Durch mein Gewissen werde ich fähig, in der Verantwortung vor Gott das zu tun, was die Liebe verlangt, auch wenn es nicht durch den Buchstaben des Gesetzes abgedeckt ist. Wenn jemand den Buchstaben des Gesetzes übertritt, kann das Verwahrlosung sein, aber auch höchste Verantwortung, die einer aus Liebe für die Liebe auf sich nimmt.

Dem, der sich ganz auf Gott verläßt und Jesus nachfolgt, gereicht alles zum Besten. Auch die Irrtümer meines Gewissens, die Umwege und Irrwege meines Lebens, sind *mein* Weg, den Gott mich führt. Meine Wege werden seine Wege. Alles in meinem Leben gehört zu mir, und ich brauche nichts ungeschehen machen wollen.

Versuchen Sie, sich in Ihren konkreten Lebenssituationen mit ihren Problemen, Ängsten, Freuden und Leiden immer wieder – oft am Tag – den Satz zuzusprechen: »Ich bin's doch. Ich rufe dich bei deinem Namen; mein bist du« (Jes 43,1).

Herr, laß mich deine Nähe spüren!

Unsere Not und ihre Heilung

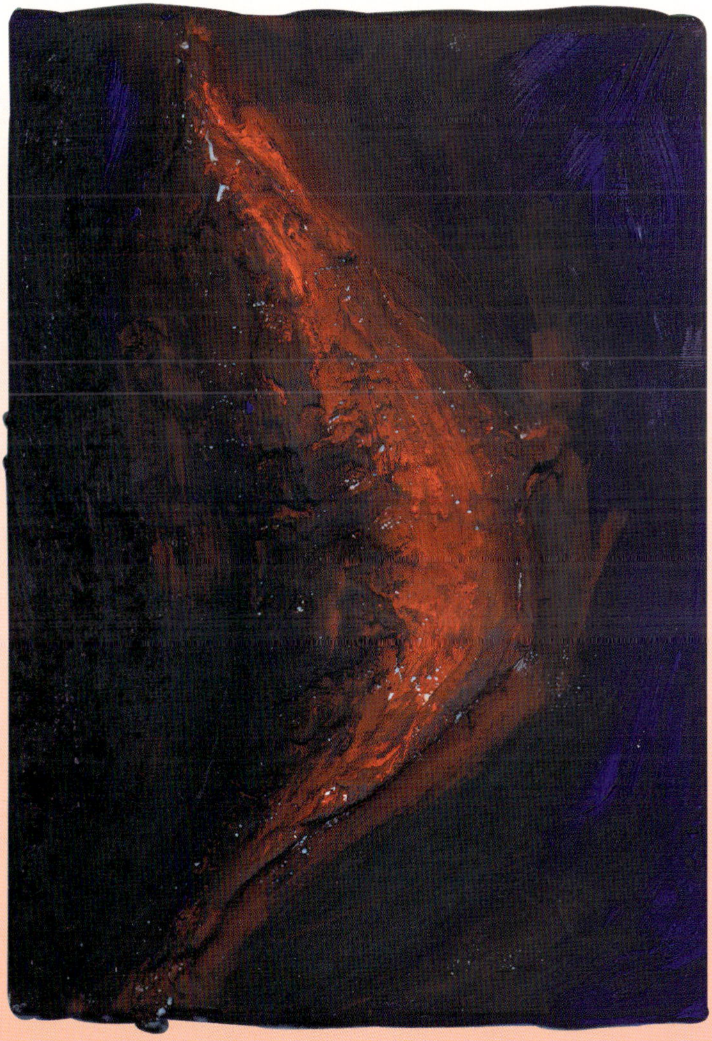

Wir Menschen verursachen Unheil.
Die Heilung unserer Not kann nur durch die vergebende Liebe geschehen.

»Die Schlange sagte zur Frau: Nein, ihr werdet nicht sterben. Gott weiß vielmehr: Sobald ihr davon eßt, gehen euch die Augen auf; ihr werdet wie Gott und erkennt Gut und Böse. Da sah die Frau, daß es köstlich wäre, von dem Baum zu essen, daß der Baum eine Augenweide war und dazu verlockte, klug zu werden. Sie nahm von seinen Früchten und aß; sie gab auch ihrem Mann, der bei ihr war, und auch er aß.« (Gen 3,5–6)

»Wenn eure Gerechtigkeit nicht weit größer ist als die der Schriftgelehrten und der Pharisäer, werdet ihr nicht in das Himmelreich kommen.« (Mt 5,20)

Schuld und Vergebung

Schuld ist da.
Schuld ist die Spannung
zwischen dem Sein-Sollenden
und dem Nicht-sein-Sollenden.
Schuld ist unerträglich.
Jeder versucht, Schuld los zu werden;
er will schuldlos sein.
Die Weisen und Methoden sind verschieden.
Manche verdrängen und ignorieren Schuld
und definieren Schuld als Fehlverhalten.

Andere wälzen sie auf andere ab.
All das ist Selbstbetrug.
In unserer Gesellschaft
wird Schuld durch Strafe
und Sühne ausgeglichen.
Das Rache- und Vergeltungsdenken
ist uns Menschen angeboren.
Durch Sühne und Strafe
wird zwar die Schuldspannung abgebaut,
aber das Lebenssystem ändert sich nicht.
Die Menschen sündigen immer wieder;
sie werden höchstens aus Angst vor Strafe
davon abgehalten.

Gott ist anders.
Er vergibt die Schuld.
»Gnade über Gnade«.
»Gnade vor Recht«.

Er vergibt allen alles immer.
Er ignoriert nicht unsere Schuld.
Er nimmt sie auch nicht hinweg,
so, als ob sie nie da gewesen wäre.
Er nimmt sie hinweg,
indem er sie durch Liebe
in Liebe *verwandelt.*
Vom strafgerechten Menschen wird Vergebung
oft als Freibrief für das Böse mißverstanden.

Der Mensch, der die Barmherzigkeit
erlangt hat,
der bis zur Barmherzigkeit Gottes
vor-gedrungen ist,
in den die Barmherzigkeit Gottes
ein-gedrungen ist,
wird selbst barmherzig
und unfähig zu Straftaten.
Er tut das Gute aus Liebe, aus Bedürfnis,
nicht mehr aus der Angst vor Strafe.

O glückselige Schuld

Dieses Wort aus dem Preisgesang der Osterkerze (Exsultet) offenbart die Erfahrung unendlicher Vergebung. Die Größe der Schuld offenbart die Größe der Vergebung, und die Größe der Vergebung offenbart die Größe der Schuld. Die biblische Sündenfallgeschichte und viele Mythen zeigen eine Urerfahrung, nach der alles Unheil vom Menschen kommt, der nach Maßgabe seiner Vernunft eingreift in die Vorgegebenheiten des Lebens und sie in ihrer Einheit und

Harmonie zerreißt, indem er sie einteilt in Gut und Böse. Durch diese Aufteilung spaltet sich der Mensch selbst und ist »nicht mehr gut beisammen«.

Im Vertrauen auf Gott findet der Mensch Geborgenheit auch in den Spannungen des Lebens. Wird dieses Vertrauen ersetzt durch das Vertrauen auf die Vernunft, so entsteht daraus die Angst.

Ich bin glücklich und geborgen, solange das Vertrauen größer ist als der Zweifel. Was soll ich aber tun, wenn Angst und Mißtrauen größer werden als mein Vertrauen? Gott will uns durch die Offenbarung seiner Anwesenheit und seiner absoluten Liebe zurückholen ins Urvertrauen. Gott ist treu; er geht nie weg vom Menschen, auch wenn der Mensch weggeht von ihm.

Die Gerechtigkeit Gottes zeigt sich darin, daß er dem Menschen, den er durch die Freiheit mit der Fähigkeit zu sündigen erschaffen hat, nie aus seiner Liebe entlassen hat. Ja, er geht dem Verlorenen nach, *bis* er es findet. Und seine Liebe hört nie auf.

Die Gerechtigkeit Gottes stellt unsere menschliche Gerechtigkeit auf den Kopf. In der Bergpredigt Jesu finden wir die Formel dafür: »Vergeltet nicht Böses mit Bösem; tut Gutes denen, die euch hassen; betet für die, die euch verfolgen; liebet eure Feinde.« Wir Menschen vergelten Böses mit Bösem; Gott vergilt Böses mit Liebe, viel Böses mit viel Liebe. Aller Haß wird nur durch Liebe geheilt, nicht durch Vergeltung und Gegenhaß.

Die Liebe Gottes muß sich im einzelnen durchsetzen; man kann sie nicht von außen her erzwingen etwa durch Auflösung des Rechtsstaates. Solange wir das Gute nicht von selbst aus Liebe tun, müssen wir es aus Angst vor Strafe tun, weil wir uns sonst selbst vernichten. Ein sozialer Rechtsstaat mit einer gerechten Justiz ist auch ein Geschenk Gottes, aber nur für die Übergangszeit, bis das Reich der Liebe Gottes in uns und durch uns verwirklicht ist.

Straftaten werden nicht abgeschafft durch Abschaffung der Strafe. Aber umgekehrt wird durch das Fehlen von Straftaten die Strafe abgeschafft. Wenn alle Menschen durchdrungen sind von der vergebenden Liebe Gottes, wird es keine Straftaten mehr geben.

Als meditative Übung zu diesen Gedanken könnte man Gegensatzeinheiten sammeln, indem man die Gegensätze auf Papierstreifen schreibt und in Kreuzform aufeinanderlegt, z.B. hart – weich, hell – dunkel, tun – lassen usw. Es ist auch sehr reizvoll, in der Bibel Gegensatzeinheiten zu suchen wie z.B. Schatz im Acker, Unkraut und Weizen, Wolf und Schaf, Gott und Mensch ...

Herr, erbarme dich,
damit auch ich barmherzig werde.

Das befreiende Gottesbild

Welches Gottesbild habe ich? Jeder muß sich selbst entscheiden für einen strafenden oder erbarmenden Gott.

»Da ließ ihn sein Herr rufen und sagte zu ihm: Du elender Diener! Deine ganze Schuld habe ich dir erlassen, weil du mich so angefleht hast. Hättest nicht auch du mit jenem, der gemeinsam mit dir in meinem Dienst steht, Erbarmen haben müssen, so wie ich mit dir Erbarmen hatte? Und in seinem Zorn übergab ihn der Herr den Folterknechten, bis er die ganze Schuld bezahlt habe. Ebenso wird mein himmlischer Vater jeden von euch behandeln, der seinem Bruder nicht von ganzem Herzen vergibt.« *(Mt 18,32–35)*

Gott liebt immer alle

Gott liebt die Guten,
damit sie gut bleiben.
Gott liebt die Bösen,
damit sie gut werden.
Und mich liebt er immer.

Diese kindliche Kurzformel des Glaubens
enthält die ganze Hoffnung
und zugleich das schier
unüberwindliche Ärgernis
unseres Glaubens.

Unser angeborenes Denken
ist geprägt von der Strafgerechtigkeit.

Ohne das Prinzip der Strafgerechtigkeit
könnte die menschliche Gesellschaft
nicht überleben.

Gnade ist die Ausnahme.
Was bei uns Ausnahme ist,
ist bei Gott Prinzip.

Es ist ein Teufelskreis:
Wir sind unbarmherzig,
weil wir an keinen
allbarmherzigen Gott glauben.
Und wir glauben an keinen
allbarmherzigen Gott,
weil wir selbst unbarmherzig sind.
Jesus wird verurteilt,
weil er niemanden verurteilt,
aber das Verurteilen
verurteilt hat.
Wenn wir nach unserem Ermessen
Gott beurteilen wollten,
müßten wir ihn immer verurteilen.

Gott mutet uns zu,
daß wir glauben,
daß er alle Menschen –
die guten und die bösen,
die jeweils anderen,
meine Feinde – auch liebt,
daß er nicht unterscheidet
zwischen Guten und Bösen.
Für Gott sind alle Menschen
gut und böse zugleich.

Wie soll nun das Reich Gottes,
das Reich der Liebe und des Friedens,

zu uns kommen,
wenn wir auch bei bestem Willen
auf Strafe und Vergeltung
nicht verzichten können?
Neue Strukturen bringen es nicht;
aber neue Menschen bringen neue Strukturen.

Wo einzelne von Gott ergriffen sind
und beginnen,
Vergeltung mit Vergebung zu ersetzen,
beginnt das Reich Gottes.
Sauerteigartig beginnt seine Ausbreitung
bei den allernächsten Menschen,
wo der von Gott Ergriffene
ergreifend wirkt.
Irdisch gesehen bleibt das
Reich Gottes eine Utopie.
Mit dem Glauben an die allerbarmende
Liebe ist aber auch die Hoffnungs-
gewißheit gegeben,
daß sich das Reich Gottes vollenden wird –
wenn nicht in dieser Welt,
so doch in einer anderen.

Ewig währt sein Erbarmen

Gott läßt seine Sonne aufgehen über Guten und Bösen. Ob ich nun zu den Guten gehöre oder zu den Bösen, – er läßt seine Sonne immer über mir aufgehen. Irgendwann werden die Strahlen der Sonne der Barmherzigkeit auch das kälteste Herz erwärmen und erweichen.

Wo finde ich einen gnädigen Gott? – Diese Frage stellt Martin Luther stellvertretend für jeden einzelnen und stellvertretend für die ganze Menschheit. Wenn es diesen Gott gibt, und wenn sich alle Menschen danach sehnen – warum kommen beide nicht zusammen? Wo liegt die Sperre? Warum macht unser Reden von Gott doch immer wieder Angst, anstatt davon zu befreien?

Wir wollen mit den Kategorien unseres Denkens und unserer Lebenspraktiken Gott erfassen, und das geht nicht. Wenn wir vom strafenden, beleidigten, zürnenden Gott sprechen, muß uns bewußt bleiben, daß dies Projektionen sind, die wir in Gott hineintragen, die aber in Gott nicht »drin« sind. So entstehen unstimmige Aussagen von Gott. Wenn wir mit unserer unstimmigen Denkweise versuchen, stimmige Aussagen von Gott zu machen, muß uns dieses Problem immer gegenwärtig sein.

Wenn wir versuchen, mit unserem Vergeltungs- und Strafdenken die Gnadengerechtigkeit Gottes zu erfassen, die in der Bergpredigt Jesu ihren deutlichsten Ausdruck gefunden hat, so bedeutet das die Quadratur des Kreises. Feindes-*Liebe* ist für unser Empfinden ein Fremdwort trotz allem Altruismus und trotz aller Helfersyndrome. Wie soll ich jemanden mögen, den ich einfach nicht mögen kann, und zwar nicht beim Nachtgebet, sondern wenn er mit seinem ganzen Haß vor mir steht und mich fertigmachen will?

Vor allem der Kirchenlehrer Anselm von Canterbury (†1109) hat in seinem Hauptwerk »Warum Gott Mensch geworden ist« in der sog. Satisfaktionstheorie versucht, mit dem menschlich angeborenen Vergeltungsdenken die Gnadengerechtigkeit Gottes darzustellen. Obwohl Anselm das Prinzip vertritt, daß das Erkennen aus dem Glauben kommt, verleitet sein Werk zu der Meinung, man könne primär durch die Vernunft zum Glauben an die Gnade Gottes gelangen. Anselm kommt gewiß mit Hilfe unserer unstimmigen Denkweise zu der stimmigen Aussage: »Unser Schuldschein ist ans Kreuz geheftet«; das heißt, die Schuld der Menschheit ist vergeben; Gott vergibt allen alles. Aber durch die menschliche Argumentationsweise wird das Gottesbild dermaßen verdunkelt, daß am Ende der angstmachende und krankmachende Gott gewaltiger im Raum steht als vorher. Dies war gewiß nicht die Absicht von Anselm.

Sein Unternehmen zeigt schließlich, daß man mit menschlichen Vorstellungen und Überlegungen kein richtiges Gottesbild gewinnen kann. Das richtige Gottesbild entsteht in der Erfahrung der allvergebenden Liebe, nicht vorher und außerhalb derselben. »Jeder, der liebt, erkennt Gott; wer nicht liebt, hat Gott nicht erkannt« *(1 Joh 4,7–8)* sagt Johannes in seinem ersten Brief.

Von unserem Denken her betrachtet, ist es plausibel und unverständlich zugleich, daß ein liebender Gott durch endliche Menschen unendlich beleidigt ist, so daß sein Zorn nur versöhnt wird durch ein Sühnopfer, das durch die

Schlachtung seines eigenen Sohnes, der sich freiwillig hingibt, vollzogen wird. Hier wird die ganze menschliche gnadenlose Grausamkeit in Gott hineinprojiziert, und zwar so stark, daß der gnädige Gott untergeht. Diese Gottesvorstellung wird hier auch insofern fragwürdig: Was hat Jesus, der Sohn Gottes, für ein Scheusal zum Vater, daß er sich im Gehorsam freiwillig ihm opfern muß, um die Schuld der Menschen zu sühnen? Ein solcher Gott ist gewiß nicht liebenswürdig, und wer seelisch gesund ist und die Kraft dazu hat, kann sich von einem solchen Gott nur abwenden.

Kann man nun diesen Vorstellungen doch noch etwas Positives abgewinnen? Wenn man diesen ganzen komplizierten Sühnevorgang nicht als Geschehen *zwischen* den »göttlichen Personen« sieht, sondern als Momente in dem *einen* Gott betrachtet, bei dem man Vater und Sohn nicht auseinanderreißt, und wenn man durch die schauerlichen Bilder hindurchblickt, dann könnte man zu der Einsicht gelangen: Mag man sich Gott noch so zornig vorstellen – sein Erbarmen ist in jedem Fall größer.

Mag Gott noch so sehr auf Strafe und Sühne pochen – er leistet sie sich selbst; er bestraft sich mit sich selbst. – Als Endergebnis, unterm Strich sozusagen, kommt doch heraus: Gnade über Gnade, und wir können nach dieser Vorstellungsprozedur das angstmachende und krankmachende Bild vom strafenden Gott, der grausige Sühnopfer verlangt, vergessen.

Nun entsteht aber sofort ein neues Problem: Wenn alle Schuld der Menschheit getilgt ist, dann kann keine Schuld mehr entstehen, dann kann ich mir jedes Verbrechen leisten; denn es ist schon vergeben und gesühnt im voraus.

Aus der Angst vor diesem Mißverständnis von Gnade, das zur Verwahrlosung führen kann, greifen viele wieder zu einem halbgnädigen Gott, der die Guten belohnt und die Bösen bestraft, und der die Sünder nur liebt, *wenn* sie sich bekehren und nicht, *damit* sie sich bekehren. Ein Gott, mit dem man drohen kann, ist doch effektiver als ein Gott, der immer nur liebt, verzeiht und nicht bestraft. Das gespaltene Gottesbild ist die große Not in unserer Glaubensgemeinschaft. Der strafgerechte und der gnadengerechte Gott stehen sich unvereinbar gegenüber. Man kann für den einen argumentieren und für den anderen. Man kann zeigen, wie der strafende Gott krank macht, und wie der allvergebende Gott heilt. Aber die Entscheidung für eines der beiden Gottesbilder ist schließlich Herzenssache des einzelnen. Die theologische Argumentation führt letzten Endes zur Pattsituation.

In der vorangestellten Geschichte vom unbarmherzigen Knecht und in vielen anderen Geschichten zeigt uns Jesus doch einen Gott, der allen alles immer vergibt. Diese Vergebung kommt jedoch erst zum Tragen, wenn auch wir allen alles vergeben. Die Unbarmherzigkeit ist die einzige unvergebbare Sünde. Für den Unbarmherzigen ist der allbarmherzige Gott die Hölle, für den Barmherzigen die Erfüllung seiner Sehnsucht. Gott vergibt mir, wenn ich unbarmherzig war. Aber solange ich unbarmherzig bin und auf Rache und Vergeltung poche, vergibt er mir vergeblich. »Vergebt, dann wird euch vergeben. Wenn ihr nicht vergebt, kann auch euch nicht vergeben werden.« Dies ist das durchgehende Prinzip in der Botschaft Jesu. Der allvergebende Gott motiviert uns, daß wir uns wenigstens bemühen, im Prinzip barmherzig zu werden.

Es ist wohl noch zu vermerken, daß die Bibel immer vom strafenden Gott spricht. Wie geht das zusammen mit dem nichtstrafenden Gott? Der biblische Mensch sieht alles, was geschieht, direkt von Gott gewirkt. Und so deutet er vieles als Strafe Gottes, was eigentlich nur die Folge unseres Fehlverhaltens ist. Wir bestrafen uns immer selbst, und Gott kann es nicht verhindern, weil er unsere Freiheit achtet.

Die Entscheidung für den gnadengerechten Gott ist die Voraussetzung zum Bibellesen. Die Bibel verlangt nach Interpretation. Man kann in sie alles hineinlesen und aus ihr alles herauslesen. Erst die Grundentscheidung im Gottesbild macht die Bibel eindeutig.

Als Einübung der Bergpredigt kann folgender Versuch sehr hilfreich sein: Wenn Sie jemand sehr ärgert und Sie in Wut geraten, machen Sie sich bewußt: »Gott liebt sie/ihn auch; Gott liebt sie/ihn auch!« Wenn diese Übung zur Gewohnheit wird, auch bei den Menschen, mit denen Sie zusammenleben, kann sich vieles ändern zum Guten.

Herr,
zu uns komme dein Reich.
Vergib uns unsere Schuld,
wie auch wir vergeben
unseren Schuldigern.

Leben – Lieben – Leiden

War der Sühnetod Jesu nötig angesichts eines gnädigen, allerbarmenden Gottes? Warum mußte Jesus leiden?

»Dann begann er, sie darüber zu belehren, der Menschensohn müsse vieles erleiden und von den Ältesten, den Hohenpriestern und den Schriftgelehrten verworfen werden; er werde getötet, aber nach drei Tagen werde er auferstehen. Und er redete ganz offen darüber. Da nahm ihn Petrus beiseite und machte ihm Vorwürfe. Jesus wandte sich um, sah seine Jünger an und wies Petrus mit den Worten zurecht: Weg mit dir, Satan, geh mir aus den Augen! Denn du hast nicht das im Sinn, was Gott will, sondern was die Menschen wollen.« *(Mk 8,31–33)*

Leiden müssen

Wer Menschen liebt
und lieben will,
muß sie leiden können.
Denn alle Menschen
sind gut und böse zugleich.
Wer einen Menschen leiden kann,
muß leiden können.
Man kann einen Menschen
nur so annehmen, wie er ist
oder gar nicht.

Es ist paradox:
Ein Mensch kann sich nur ändern zum Guten,
wenn er erlebt,

daß er so sein darf,
wie er ist.
Die Sogkraft der Liebe,
nicht Zwang und
Drohung,
verändert den
Menschen zum Guten.
Wenn ein Mensch
geändert wird mit Gewalt,
wird er zerstört.
Wenn ein Mensch
Liebe erfährt,
ändert er sich selbst
und wird gut und liebend.

Zunächst muß ich mich
selbst leiden können,
damit ich andere leiden kann.
Wer sich selbst nicht mag,
der mag auch keine anderen;
wer andere nicht mag,
mag auch sich selbst nicht.
Es ist ein Teufelskreis.
Wer soll mit dem Mögen beginnen,
wenn er doch auf das Gemocht-Sein
angewiesen ist!

Jesus mußte leiden,
weil Gott uns zeigen wollte,
daß er uns immer leiden kann.
Gott er-leidet uns,
damit wir uns selbst
und einander
leiden und lieben können
und das Leben in Fülle haben.

Erlösendes Leiden

Jesus mußte nicht leiden, weil ein erzürnter Gott ein blutiges Sühneopfer verlangt. Gott braucht nicht mit den Menschen versöhnt zu werden; er hat nie aufgehört, sie zu lieben. Aber die Menschen brauchen Versöhnung mit Gott; sie brauchen die Erfahrung, daß Gott sie leiden kann – so, wie sie sind. Gott braucht Menschen, die sich für die Liebe opfern, – Menschen, die sich dazu hergeben, die vergebende Liebe zu den Menschen zu bringen, und die bereit sind, dafür auch zu leiden und dadurch zu beweisen, daß es die Liebe gibt, die den Haß überwindet und in Liebe verwandelt.

Jesus wußte das, als er hinaufzog nach Jerusalem. Besonders das Johannesevangelium betont, daß Jesus klar wußte, was ihm bevorsteht. Die Ölbergszenen zeigen, daß er die ganze Angst auf sich nimmt, die vom Haß der Menschen kommt. Haß ist auch ein Kind der Angst. Nur die Kraft von oben gibt ihm die Kraft zum Leiden, das er freiwillig auf sich nimmt. Die Frage, warum Jesus am Kreuz sterben mußte, ist einfach zu beantworten: Weil er vor den Menschen, die er liebte, nicht geflohen ist, als ihre Liebe in tödlichen Haß umschlug. »Da er die Seinen, die in der Welt waren (das sind alle Menschen!), liebte, erwies er ihnen seine Liebe bis zur Vollendung«, schreibt Johannes *(Joh 13,1)*. Jesus mußte leiden, damit alle Menschen sehen können, sie sind vollendet Geliebte. Mystisch betrachtet: Im geöffneten Herzen Jesu offenbart sich die ewige Liebe.

So eröffnet uns der Tod Jesu ganz neue Lebensperspektiven und Lebensmöglichkeiten. Es ist gerade in unserer materialistischen, sensations- und konsumorientierten Zeit die große Not, daß so viele Beziehungen zerbrechen oder gar nicht zustandekommen, weil die Menschen nach anfänglichem stark gefühls- und konsumorientiertem Verliebtsein sich nicht mehr leiden können. Wieviel Not entsteht, weil Eltern ihre Kinder und Kinder ihre Eltern nicht mehr leiden können! Wenn man in der menschlichen Liebe nicht mehr an die Kraft von oben glaubt und auf sie vertraut, fehlt die Kraft zum Leiden.

Wenn wir vom Leiden und vom Leiden-Können sprechen, müssen wir unterscheiden zwischen dem natürlichen Leid, das nun einmal zum Leben gehört, und dem Leid, das durch den Menschen entsteht, wenn er grundsätzlich Leid, Schmerz und alles Unbequeme ablehnt. Freude und Leid sind eine Gegensatzeinheit. Das Leiden am Leid ist das größte Leid. Liebendes Leiden ist erlösendes Leiden, aus dem immer wieder Lebensfreude entspringt.

Das liebende Leiden ist näherhin in den sog. Gottesknechtsliedern beim Propheten Jesaja beschrieben: Der Gottesknecht in der Bibel ist ein Mensch, der ganz und gar aus der Identität seines Herrn denkt und handelt. Er schreit nicht und lärmt nicht; geknicktes Rohr zerbricht er nicht; den glimmenden Docht löscht er nicht aus. Das wohl eindrucksvollste Bild vom leidenden Gottesknecht ist das Bild vom Gotteslamm. Lamm ist Sinnbild für Geduld. Angesichts des Scherers und des Schlächters läuft es nicht davon; es schreit nicht und wehrt sich nicht; es läßt sich alles gefallen.

Wir verehren das »Lamm Gottes, das hinwegnimmt die Sünde der Welt«. Die Sünde der Welt ist Egoismus und Lieblosigkeit. Jesus durchbricht den Teufelskreis des Hasses, indem er den Haß liebend auf sich nimmt. »Vergib ihnen; denn sie wissen nicht, was sie tun«; das ist eines der letzten Worte Jesu, bevor die Liebe zur Menschheit ihre Vollendung erfahren hat. Der Teufelskreis des Hasses ist durchbrochen; aber es liegt an uns, ob dieser Durchbruch und Einbruch des Göttlichen uns und durch uns unsere Welt durchdringt. Das Pfingstwunder, so wie es der Evangelist Johannes schildert, besteht darin, daß der Auferstandene den Geist der Versöhnung und Vergebung seinen Jüngern einhaucht. Menschen, die auf Jesus eingehen, werden beschenkt mit dem Geist der Versöhnung und mit der Kraft zum Leiden-Können.

Petrus wird »Satan« gescholten, weil er menschlich normal denkt und das Leiden-Müssen der Liebe noch nicht begriffen hat. Auch wir fragen: Muß man sich als Christ alles gefallen lassen? Es gibt gewiß Bereiche und Situationen, in denen wir uns wehren müssen. Aber uns bleibt letztlich die Entscheidung nicht erspart, ob wir aus dem Prinzip vergebender Liebe oder vergeltender Gewalt leben wollen. Menschen, die nichts auf sich sitzen lassen können, sind noch nicht offen für die Liebe.

Denken Sie einmal nach, warum wir Osterlämmer backen und verzehren: Das Osterlamm erinnert an die Taten Gottes im Alten Testament, und uns erinnert es an die Liebe Jesu. Beim Verzehr verleiben wir uns die Liebe Gottes symbolisch ein.

Herr, Lamm Gottes,
du nimmst hinweg die Sünde der Welt.
Erbarme dich unser.

Richtet nicht

Vielen macht der Glaube an das Gottesgericht und an einen richtenden Gott Angst. Für den Glaubenden kann es aber auch die große Hoffnung auf die Rettung aller werden.

»Gott hat seinen Sohn nicht in die Welt gesandt, damit er die Welt richtet, sondern damit die Welt durch ihn gerettet wird. Wer an ihn glaubt, wird nicht gerichtet; wer nicht glaubt, ist schon gerichtet, weil er an den Namen des einzigen Sohnes Gottes nicht geglaubt hat.« (Joh 1,17–18)

»Richtet nicht, dann werdet auch ihr nicht gerichtet werden. Verurteilt nicht, dann werdet auch ihr nicht verurteilt werden. Erlaßt einander die Schuld, dann wird auch euch die Schuld erlassen werden. Gebt, dann wird auch euch gegeben werden. In reichem, vollem, gehäuftem, überfließendem Maß wird man euch beschenken; denn nach dem Maß, mit dem ihr meßt und zuteilt, wird auch euch zugeteilt werden.« (Lk 6,37–38)

Der Glaube richtet

Der Glaube richtet auf;
er richtet das Zerstörte wieder her.
Glaube macht ganz;
er macht alles recht und richtig.

Der richtige
und richtende Glaube
heilt alles;
er allein macht selig, glücklich.

Der Unglaube richtet zugrunde;
er zerstört, macht zuschanden
und führt in den Untergang.
Der Unglaube
führt in die Angst;
er ist der Verlust des
Urvertrauens.
Durch den Unglauben
geht mir Gott verloren,
obwohl ich Gott
nie verlorengehe.

Der Unglaube führt zur Verdammnis.
Aber nicht Gott verdammt –
Gott ist die Vergebung in Person –,
sondern der Mensch,
dem Gott fehlt.
Mit Gott fehlt ihm die Vergebung;
er kann sich und anderen
nicht mehr vergeben;
er kann sich und die anderen
und schließlich auch Gott
nur mehr verurteilen und verdammen.

Aber auch die Verdammten,
die Menschen, die sich verdammt haben,
stehen immer noch in der Liebe Gottes.
Sie stehen in der Gnade Gottes;
aber die Gnade ist solange nicht in ihnen,
bis sie sich Gott öffnen
und gnädig werden.

Wer glaubt, wird selig

Wir müssen diesen Satz verschieden betonen: Wer *glaubt,* wird selig und: Wer glaubt, wird *selig*. Selig werden ist ein anderes Wort für glücklich werden oder in den Himmel kommen. »Himmel« ist überall, wo Menschen glücklich sind schon in diesem Leben. Gott hat seinen Sohn in die Welt gesandt, damit er die Welt rette, damit er den Himmel auf die Erde bringt, das heißt, daß wir schon jetzt in den Himmel kommen können und den Tod nicht mehr zu fürchten brauchen.

Der Evangelist Lukas erzählt: Bei der Begegnung von Maria und Elisabet sagt Elisabet, erfüllt vom Heiligen Geist, zu Maria: Selig ist die, die geglaubt hat. Durch den Glauben kann ich jetzt schon erfahren, daß ich zu den Seligen gehöre. In diesem Bewußtsein ist alle Angst aufgehoben.

Himmel und Hölle sind existentielle Befindlichkeiten des Menschen sowohl im Diesseits als auch im Jenseits. Einfach gesagt: Himmel ist, wenn *ich mich* freue. Hölle ist, wenn *ich mich* ärgere. Psychologisch ausgedrückt: Himmel ist die Identität des Menschen; Hölle ist Identitätsverlust. Die Bibel zeigt uns: Wenn der Mensch Gott verläßt, verläßt er damit auch sich selbst. Egozentrik ist Selbstverlust – das ist die Hölle. Die Orientierung an Gott ist Selbstfindung, Selbstverwirklichung und Selbstgewinn – das ist der Himmel.

Die Seligkeit hier auf Erden kommt aber doch nur sehr selten und anfangshaft vor. Die Heiligen sind in der menschlichen Gesellschaft gewiß nicht in der Überzahl. Wenn ein Mensch auf die Welt kommt, muß er nach einer mehr oder weniger glücklichen Kindheit erst selig werden. Das Glücklich-, Selig-Werden ist ein Prozeß, der hier beginnt und wohl erst in der Todesbegegnung mit Gott zur Vollendung kommt, wenn wir Gott schauen von Angesicht zu Angesicht.

Wenn ein Mensch die Liebeskraft, die Gnade, die er braucht, um sich und andere anzunehmen, schon in sich hätte oder selbst erzeugen könnte, bräuchte er keinen Gott und keinen Glauben. Was die Liebe betrifft und damit das Glück des Menschen, so ist der Mensch ganz einfach gesagt defekt; er muß repariert, »gerichtet« werden; er muß durch die Liebe für die Liebe hergerichtet werden. Der eigentliche Sinn unserer irdischen Strafjustiz ist auch nicht die Verurteilung des Verbrechers, sondern der Bestand der menschlichen Gesellschaft. Ein irdischer Richter muß urteilen und verurteilen. Wenn Jesus sagt »urteilt nicht«, so bedeutet das: Seid euch der Relativität eurer Urteile bewußt. Der Mensch kann höchstens beurteilen, wie ein Mensch vor Menschen dasteht, aber nicht, wie er vor Gott dasteht. Und *letztlich* ist ein Mensch das, was er vor Gott ist, nicht mehr und nicht weniger – so drückt es der hl. Pfarrer von Ars aus.

Gott urteilt und richtet anders, als wir Menschen richten. Er allein vermag, absolut richtig zu richten. Durch sein Gericht wird die Welt und die Menschheit gerettet. Aber wie sieht dieses Gottesgericht aus, wenn die Bibel selbst Angst macht davor: »Es ist furchtbar, in die Hände des lebendigen Gottes zu fallen« lesen wir im Hebräerbrief *(Hebr 10,31)*. »Mein ist die Rache, und ich will vergelten« lesen wir im Buch Deuteronomium *(Dtn 32,35)*. Immer wieder weist die Bibel auf die Möglichkeit ewiger Verdammnis hin. Andererseits lesen wir auch immer wieder vom bedingungslos erbarmenden Gott: »Denn wie seine Größe, so ist sein Erbarmen« *(Sir 2,18)*. »Wenn du der Sünden achten wolltest, Herr, wer könnte dann noch bestehen« *(Ps 129,3)*. Im Matthäusevangelium *(Mt 25,31–46)* wird das Weltgericht ausführlich beschrieben. Auf einen Punkt konzentriert wird etwas dargestellt, was eigentlich ein Prozeß ist, der schon hier und jetzt beginnt. Bei Matthäus wird schon sichtbar: Das einzige, was vor Gott gilt, ist – bei aller Notwendigkeit der Gebote – die Barmherzigkeit. »Was ihr dem Geringsten meiner Brüder getan habt, das habt ihr mir getan«. Auch in anderen Religionen finden wir die Überzeugung, daß sich irgendwann die ganze Wahrheit offenbart, die keinen Selbstbetrug mehr zuläßt.

Im Gottesgericht werden wir mit uns selbst und mit Gott konfrontiert – mit Gott, das heißt mit der ganzen Herrlichkeit seines Erbarmens. Darum nennt man das Gericht Gottes auch Gnadengericht. Die gerechte Strafe Gottes – wenn man dennoch von Strafe reden will und vielleicht auch reden muß – besteht darin, daß jeder mit sich selbst konfrontiert wird, und daß jeder sich so sehen muß, wie er wirklich ist, und wie er in Schuld verstrickt ist. Es wird furchtbar sein, wenn kein Selbstbetrug mehr möglich ist. Daß wir die Konfrontation mit uns selbst gar nicht so schrecklich finden, zeigt ja gerade, wie sehr wir noch mit Selbstbetrug behaftet sind. Wir werden erschrecken vor unserer Lieblosigkeit und Erbarmungslosigkeit und vor unserer selbstgewirkten Verdammnis.

Und Gott? Gott ist bereit, allen alles zu vergeben. Aber er zwingt uns nicht, seine Vergebung anzunehmen. Angesichts dieser Tatsachen haben wir die Hoffnungsgewißheit, daß sich in der direkten Begegnung mit dem gnädigen Gott alle Menschen in tiefem Reueschmerz bekehren werden. Angesichts der anderen Tatsache, daß auch wir allen alles vergeben müssen – man denke an alle Verbrecher und ihre Opfer, die es je gab –, wird niemand mehr das Gnadengericht Gottes als harmlos oder als »weiche Welle« in der Theologie bezeichnen können. Gott zerreißt alle Schuldscheine, wenn wir die unsrigen auch zerreißen.

Es gibt leider viele Menschen, die geradezu aggressiv werden bei dem Gedanken, es könnte am Ende keine ewig Verdammten geben. Dies verlange ihr Gerechtigkeitsempfinden. Ferner, so sagen sie, wäre das eine Leugnung der Hölle, die einer Leugnung Gottes gleichkäme. Hierzu kann man nur sagen: Wir wissen es nicht, ob es am Ende ewig Verdammte gibt. Aber wir hoffen, daß es keine ewig Verdammten gibt, und diese Hoffnung ergibt sich aus dem Glauben an die absolute Liebe, die sich in Jesus offenbart. Ferner kann es reale Möglichkeiten auch dann geben, wenn die Tatsächlichkeiten fehlen. Man kann immer in einem See ertrinken, auch wenn keiner ertrinkt. Wenn nun ein Mensch das Erbarmen Gottes wirklich nie annehmen wollte, weil er es nicht weitergeben will, so wäre das die Hölle, weil er das Erbarmen für sich selbst auch nicht mehr hätte. Gott will uns befreien von der Selbstverdammung.

Eine andere Schwierigkeit besteht in der herkömmlichen Vorstellung: Wer sich *vor* dem physischen Tod nicht bekehrt hat, kann sich nicht mehr bekehren. Dabei wird übersehen, daß sich die meisten Menschen wohl erst *im* Tod bekehren können, weil sie aus vielen Gründen erst *im* Tod dem barmherzigen Gott begegnen. Gott stellt keine Fallen, die im Tod zuschnappen. Ferner ist Bekehrung immer auch Gnade. Warum sollte sie nicht allen zuteil werden?

In dieser Welt können wir den Zugang zum Erbarmen Gottes nur durch den Glauben gewinnen. Die Sehnsucht unseres Herzens und die Erfahrung unserer Schuld können uns bewegen, an die absolute Liebe zu glauben, auch wenn wir nur soviel in uns aufnehmen können, als wir bereit sind weiterzugeben. Und wenn wir an die Liebe glauben, finden wir sie in der Jesusgestalt voll bestätigt.

Die menschliche Gerechtigkeit könnte man mit einer Balkenwaage vergleichen (wie bei der Symbolfigur Justitia), die göttliche Gerechtigkeit mit einer Federwaage. Genau gewogen wird immer. Aber Gott hebt die Last unserer Schuld nicht auf durch Gegengewicht, sondern durch die Zugkraft seiner Liebe, mit der er uns mit unserer Last zu sich zieht. Aber wir müssen die Zugkraft weitergeben. Die Kette der Vergeltung kann nur durch eine Kette der Vergebung ersetzt werden.

Herr, wenn ich dich nur habe, frage ich
nicht mehr nach Himmel und Erde.
Mag Herz und Fleisch mir schwinden,
du bist mein Gott, mein Anteil auf ewig.

(Nach Psalm 73)

Dienst und Gehorsam

Im gehorsamen Dienst kommt die Liebe zur Herrschaft.

»Er war Gott gleich, hielt aber nicht daran fest, wie Gott zu sein, sondern er entäußerte sich und wurde wie ein Sklave und den Menschen gleich. Sein Leben war das eines Menschen; er erniedrigte sich und war gehorsam bis zum Tod, bis zum Tod am Kreuz. Darum hat ihn Gott über alle erhöht und ihm den Namen verliehen, der größer ist als alle Namen.« (Phil 2,6–9)

»Da rief Jesus sie zu sich und sagte: Ihr wißt, daß die, die als Herrscher gelten, ihre Völker unterdrücken und die Mächtigen ihre Macht über die Menschen mißbrauchen. Bei euch aber soll es nicht so sein, sondern wer bei euch groß sein will, der soll euer Diener sein, und wer bei euch der Erste sein will, soll der Sklave aller sein. Denn auch der Menschensohn ist nicht gekommen, um sich dienen zu lassen, sondern um zu dienen und sein Leben hinzugeben als Lösegeld für viele.« (Mk 10,42–45)

Gehorsam dienen

Gehorsam ist die Fähigkeit
und die Bereitschaft zu hören, –
hören auf sich selbst, auf die Menschen,
auf die Schöpfung und auf Gott –
und die Bereitschaft,
selbstverantwortlich
die Konsequenzen zu ziehen.

Gehorsam macht fähig zum Dienen,
und aus der Bereitschaft zum Dienen
folgt die Fähigkeit zum Gehorsam.
Gehorsam und Dienen gehören
untrennbar zusammen.
Menschen, die sich
gegenseitig gehorsam sind,
können sich verstehen und einander gehören,
ohne sich zu besitzen.

Gehorsam ist das Eingehen auf jemanden,
damit ich in meinem Denken und Handeln
von ihm ausgehen und ihm dienen kann.
Dadurch werde ich ihm
und auch mir selbst gerecht.

Gehorsam und Dienen
verlangen Selbst-losigkeit:
Selbstlosigkeit ist nicht Selbstverlust,
sondern die Öffnung meines Selbst
auf den anderen hin.
Wenn ich absichtslos, gewaltlos
und vorurteilsfrei
auf den anderen zugehe,
kann auch er sich öffnen
und auf mich hören.

Gehorchen und Dienen machen frei,
wenn sie aus Liebe kommen.
Der Selbstlose wird selbständig
durch die Liebe.
Der Liebende dient eigentlich
nicht nur einem Menschen,
sondern der Liebe selbst – Gott.
Wer Gott dienen will,
muß Menschen dienen.

Wer Menschen dienen will,
muß Gott dienen.

Erzwungener Gehorsam
sperrt ein:
Ich muß tun,
was andere wollen.
Der liebende Gehorsam
setzt mich frei:
Ich kann tun, was *ich* will.
Und wenn ich der Liebe diene,
werden mein Wille
und Gottes Wille eins.

»Liebe –
und was du dann willst, das tue!« –
sagt Augustinus.
Hier ist freilich die wahre Liebe gemeint,
nicht der mit dem Wort Liebe
getarnte Egoismus.

Weil die Liebe fehlt,
müssen sehr oft
der notwendige Gehorsam
und viele notwendige Dienstleistungen
erzwungen werden,
damit die menschliche Gesellschaft
bestehen kann.
So ist vielfach der Dienst
vom Verdienst nicht zu trennen.
Doch das wahre Dienen
hat seinen Lohn in sich selbst.

Liebe ist auch das Geheimnis
aller echten Autorität:
Wenn ein Mensch der Liebe dient,

herrscht die Liebe
und nicht mehr der Mensch.
Liebe ist unwiderstehlich;
Gewalt unterdrückt und wirkt bedrückend.

Jesus ist der gehorsamste Diener:
In liebendem Gehorsam
dient er Gott und den Menschen zugleich
bis zur Hingabe seines irdischen Lebens.

Herrschaft der Liebe

Die Herrschaft der Liebe im gehorsamen Dienen verlangt auch Härte und Konsequenz. Ich muß mich zwar immer in den anderen hineindenken, aber ich darf nie meinen, daß ich an seiner Stelle stehe. Ich bin der »Hüter meines Bruders«, damit aber auch der Hüter seiner Selbständigkeit. Ich darf dem anderen Entscheidungen nicht abnehmen, die er selbst treffen und verantworten muß; ich kann ihm dabei nur hilfreich zur Seite stehen und ihn aushalten. Das Jesuswort »Mein Gott, warum hast du mich verlassen?« zeigt, daß Gott den Menschen auch in seiner subjektiv tiefsten Gottverlassenheit nicht verläßt.

Dienen wird oft mit dem sog. Helfersyndrom verwechselt. Wenn ich z. B. dem anderen immer nachgebe, um ihn nicht zu verlieren, oder wenn ich seine Abhängigkeit genieße, die ich durch meine Dienste erreicht habe, oder wenn ich dem anderen meine Dienste aufzwinge mit der Begründung: »Ich meine es ja nur gut«, dann ist das Herrschaft, die mehr aus Egoismus kommt als aus Liebe.

Liebe und Egoismus werden im praktischen Leben wohl immer koexistieren wie Unkraut und Weizen. So muß man eben achten, daß der Egoismus nicht überhandnimmt. So kann die Verwirklichung des Dienstes zunächst Undank, Ablehnung, sogar Haß und Verfolgung bewirken. Der gehorsame Dienst Jesu hat ihm den schmachvollen Tod am Kreuz eingebracht. Mit der Fußwaschung nach dem Abendmahl setzt Jesus selbst ein vorbildliches Symbol für die Herrschaft der Liebe im gehorsamen Dienst.

Jesus gibt sein Leben hin als Lösegeld für viele. Er löst uns aus, nicht etwa vom Zorn eines strafenden Gottes, sondern er befreit uns durch die Unwiderstehlichkeit seiner Liebe von den finsteren Mächten der Angst und der Gewalt, die uns gefangen halten.

Die Herrschaft der Liebe nimmt unser ganzes Menschsein in Dienst. Durch sie werden die Triebe Impulse zur Verwirklichung sinnenhafter Erfahrung der Liebe. Geschlechtlichkeit wird zum Ort und zur Weise, wie Einheit erlebt wird. Schon am Anfang der Bibel lesen wir: »Sie werden zwei in einem Fleische sein«. Beim Mahl können wir uns durch Essen und Trinken Liebe einverleiben. Das Sprichwort »Die Liebe geht durch den Magen« kommt aus tiefer Lebenserfahrung. Die Liebe macht den Besitztrieb sinnvoll, indem sie den Menschen fähig macht zum Teilen. Der Machttrieb wird schließlich durch die Herrschaft der Liebe eine Durchsetzungskraft der Liebe.

In der Offenbarung seiner Liebe dient Gott uns Menschen, damit wir an die Liebe glauben und ihr dienen können. Gott dient den Menschen; der Mensch dient Gott. Das Wort

Gottesdienst besagt beides. Im Dienen finden wir Menschen unser Glück für Zeit und Ewigkeit. Denn das Glück ist kein Verdienst, sondern ein Geschenk des Lebens, das dem zuteil wird, der dem Leben dient, ohne zu berechnen.

Zur Meditation bietet sich das Bild der Fußwaschung an. Jesus »macht seinen Rücken krumm« und berührt die Menschen da, wo sie ganz unten sind, wo sie schmutzig sind, wo sie gehen, stehen, Standpunkt beziehen – dort, wo sie oft nicht mehr weiter können. Alle unsere Berührungen können Gewalt oder Liebe vermitteln, dienend oder verletzend sein.

Herr, stärke mich im Dienst der Liebe.
Laß mich im Dienen
und in der Hingabe an eine Aufgabe
das Glück des Lebens finden.

Beten können – leben können

Das Gebet hat befreiende und heilende Kraft. Im Bereich des christlichen Denkens ist das Wort »Ölberg« das Symbolwort für Angst geworden.
Gebet ist ein Weg durch die Angst.

»Und (nur) den Petrus, Jakobus und Johannes nahm er mit. Und er begann zu zittern und zu zagen und sprach zu ihnen: Meine Seele ist betrübt bis zum Tode (Ps 42 [41], 6.12; Jon 49); bleibet hier und wachet! Und er ging ein wenig weiter, warf sich auf die Erde nieder und betete, es möge, wenn möglich, die Stunde an ihm vorübergehen, und sprach: Abba, Vater, alles ist dir möglich, laß diesen Kelch an mir vorübergehen! Doch nicht, was ich will, sondern was du willst!« (Mk 14,33–36)

»Da erschien ihm ein Engel vom Himmel und stärkte ihn.« (Lk 22,43)

Gott zur Sprache bringen

Im Zeitalter der Computer
ist der Wert der Sprache sehr gesunken.
Das Wort wird vielfach
nur mehr als Träger von Information gesehen
und nicht mehr als Ort,
an dem Lebenswirklichkeiten
gegenwärtig gesetzt
und zur Erfahrung gebracht werden.
Ein Wort vernehmen ist mehr als nur eine
Information erhalten.

Schon die Tiere äußern ihre Gefühlssituation
durch Töne und Geräusche,
und ihre Stimmfühlung
ist nötig für ihre Kommunikation,
durch die sie in der Schöpfung
und mit der Schöpfung leben können.

Auch wir Menschen sagen:
Der Ton macht die Musik
und meinen damit:
Der Tonfall der Stimme besagt oft mehr
als der rationale Informationsgehalt der Worte.
Wenn Worte nur mehr Wörter sind,
besagen sie nicht mehr viel.
Wesentliches geht verloren.

Über die bloße Stimmfühlung hinaus
kann sich der ganze Mensch
zur Sprache bringen
und zu Wort kommen,
in dem er vernehmlich wird.
Er kann auch den anderen
zur Sprache bringen
und zu Wort kommen lassen,
so daß sich im Wort
Begegnung ereignet.

Im Gebet
bringe ich mich selbst zur Sprache,
und ich bringe Gott zur Sprache,
so daß sich im Wort des Gebetes
Gottbegegnung und
Gotteserfahrung ereignen können.
Gottesbegegnung und
alle guten Begegnungen

sind letztlich Geschenk, Gnade.
Ich könnte Gott schon daran erkennen,
daß ich mich zur Sprache bringen kann.
»Noch liegt mir das Wort
nicht auf der Zunge, –
du, Herr, kennst es bereits«;
so beten wir im Psalm 139 *(Vers 4)*.

Not, Angst und
Schrecken
können aber bisweilen
so groß werden,
daß es mir »die Stimme
verschlägt«
und ich »keine Worte
mehr finde«
und »kein Wort mehr
herausbringe«.
Mein Beten wird
zum Stammeln,
und ich kann schließlich
nur mehr stumm vor Gott stehen
und mich in seine Arme fallen lassen.
Wenn ich in Gott hinein verzweifle,
verzweifle ich nicht mehr.
Stummheit und Wortlosigkeit
sind wohl die höchsten Stufen des Gebetes,
wenn das Gebet die Phase des Wortes
nicht umgangen,
sondern durchschritten hat.

Die Ölbergerzählung zeigt uns,
daß man in tiefster Angst und Not
nur mit Gott allein sein kann
und allein sein muß.

Sie zeigt ferner,
daß die erwirkte Kraft von oben
an unseren Ängsten und Nöten nicht vorbei-,
sondern durch sie hindurchführt,
so daß wir auch im Tod
noch bestehen können.

Erhörung finden

Die Voraussetzung, daß ich im Beten Erhörung finde, – daß ich überhaupt beten kann, – ist der Glaube. Ohne Glauben kann ich nicht beten, und ohne Beten wird der Glaube keine tragende, befreiende Kraft in meinem Leben. Wenn ein Mensch betet, ist das ein Zeichen, daß er irgendeine Art von Glauben hat; sonst würde er nicht beten. Leider ist es oft immer erst »die Not, die Beten lehrt«, weil der Mensch erst in der Enttäuschung und durch sein Scheitern bereit wird, tiefer nachzudenken. Die Notwendigkeit des Glaubens beim Beten zeigt aber auch die Notwendigkeit eines positiven Gottesbildes. Wie soll mich ein Gottesbild, das Angst macht, motivieren, zu diesem Gott zu beten, daß er mir die Angst nimmt? Bei einem negativen Gottesbild können das Gebet und alle religiösen Übungen zu schweren Angstneurosen führen, von denen sie befreien sollten.

Jesus ermuntert immer wieder zum Glauben an den allerbarmenden Gott: »Sorget nicht ... Euer himmlischer Vater weiß, daß ihr das alles braucht« *(Mt 6,32)*. Im Lukasevangelium *(Lk 11,9 und 10)* finden wir eine großangelegte Katechese über das Gebet. Dort lesen wir: »Bittet, sucht, klopft an; denn wer bittet, der empfängt; wer sucht, der findet; wer anklopft, dem wird aufgetan.« Bei einem liebenden Vater bin ich schon erhört, wenn ich ihm nur alles sagen kann. Das Bitten, Suchen, Anklopfen ist selbst schon die Erhörung, weil ich mir sicher bin: der liebende Vater wird alles tun, um mich zu retten. Und wenn ich das nicht bekomme, was ich will, ist es auch gut, selbst, wenn ich es nicht verstehe.

Das Gebet wird hier zur Gesprächstherapie, die mich befähigt, auch mit Zweifeln und ungelösten Problemen zu leben. Jesus bestärkt den Glauben noch einmal: Wenn schon normale Eltern ihren Kindern nur das Beste geben wollen, wieviel mehr wird der Vater im Himmel denen Gutes, d.h. den Heiligen Geist, geben, die ihn bitten *(Lk 11,13)*. Die Glaubenskatechese bei Markus *(Mk 11,20–25)* enthält einen Satz mit Schlüsselbedeutung: »Alles, worum ihr betet und bittet – glaubt nur, daß ihr es schon erhalten habt, dann wird es euch zuteil« *(Mk 11,24)*. Ich darf Gott um alles bitten, aber ich brauche ihn nicht umzustimmen, als ob ich ihm etwas abtrotzen müßte. Albert Schweitzer sagt einmal: »Ich kann Gott nicht ändern durch mein Gebet, aber ich ändere mich durch mein Gebet.« Mein Problem liegt meistens darin, daß ich mein Leben, mich selbst, die Menschen, mit denen ich lebe ..., noch nicht so annehmen kann, wie sie sind. Vielleicht bitte ich einmal inständig um Gesundheit, und Gott schenkt mir die Kraft, meine Krankheit und meinen Tod angstfrei anzunehmen. Was das Meine ist, habe ich schon; aber erst jetzt kann ich es annehmen.

Oft wollen Menschen beten und sich auf das Wagnis des Wortes einlassen; aber es fällt ihnen schwer, mit eigenen Worten zu beten. Für diesen Fall gibt es den reichen Schatz von »vor-gebeteten« Worten, die ich nur »nach-zubeten«

brauche. Diese vorgebeteten Gebete entspringen Lebenssituationen, die im Prinzip bei allen Menschen dieselben sind.

Ich kann mir ein vorgebetetes Gebet zu eigen machen, wenn ich spüre, ich stehe in derselben Lebenssituation wie mein Vor-Beter. Durch das Nachbeten trete ich zudem ein in die Gemeinschaft aller, die in diesem Gebet Rettung und Hilfe erfahren haben. Es gibt Gebete, die bewährt sind durch die Lebens- und Glaubenserfahrung unzähliger Menschen. In der jüdisch-christlichen Tradition sind wohl die Psalmen der bedeutendste Gebetsschatz. Hierin kann jeder Worte finden, die seine Lebenssituation vor Gott und mit Gott zur Sprache bringen. Man braucht im Grunde gar nicht viele Gebete, wenn man das Gebet oder die wenigen Lieblingsgebete gefunden hat, in denen alles »drin« ist, d.h. mit denen ich mich ganz identifizieren kann. Das Gebet aller Gebete ist das Gebet, das Jesus selbst gebetet hat, das Vaterunser. Je mehr wir das Vaterunser meditieren, und je öfter wir es beten, desto mehr erfahren wir, daß in diesem Gebet alle unsere Lebensprobleme in die Verbindung mit Gott gebracht werden. Zudem erfahren wir uns beim Beten der Jesusworte nicht nur in der Gemeinschaft aller Mitbeter, sondern auch in der besonderen Gemeinschaft mit Jesus, der unser Vor-Beter *und* Mit-Beter ist. Bei anderen Jesusworten erleben wir dasselbe.

Wie hilfreich kann es sein, wenn ich in den Ölbergstunden meines Lebens beten kann: »Abba, Vater, alles ist dir möglich; laß diesen Kelch an mir vorübergehen! Doch nicht was ich will, sondern was du willst!« *(Mk 14,36)* Die Ergebung in den Willen Gottes ist freilich nur dann befreiend, wenn ich an einen absolut liebenden Gott glaube, der letztlich immer die Rettung aller Menschen im Auge hat, und der alles tut, damit sich alle Menschen zur vergebenden Liebe bekehren. Wenn ich mit Jesus am Ölberg bete, und wenn Jesus in meinen Ölbergstunden mit mir betet, dann werde ich auch den Engel erleben dürfen. Auf vielfache Weise und vielgestaltig sendet Gott mir seine Boten, die mich stärken mit der Kraft von oben. In der Fixierung auf mein Leid erkenne ich sie oft nicht. Das Gebet öffnet mir die Augen für die Lichtblicke, die auch im tiefsten Leid nicht fehlen.

Wir können Gott zwar wirklich, aber nur indirekt erfahren durch Bilder, Zeichen und Symbole. Hier liegt die große Bedeutung und Verantwortung der religiösen Kunst; sie macht das Nicht-Sinnenhafte sinnenhaft wahrnehmbar.

Versuchen Sie doch einmal, ein Bild, das Ihnen gefällt, noch mehr in sich aufzunehmen, indem Sie es immer wieder anschauen und dann die Augen schließen. Sie sehen nun das Bild immer mehr in *sich. Es kann sein, daß Sie selbst immer mehr im Bilde sind. Versuchen Sie nun, dem Bild in sich dadurch Ausdruck zu verleihen, indem Sie es malen.*

Zum Schluß ein weitverbreitetes Gebet, das auf Spruchkarten zu finden ist:

»Gott gebe mir die Gelassenheit, Dinge hinzunehmen, die ich nicht ändern kann, den Mut, Dinge zu ändern, die ich ändern kann, und die Weisheit, das eine vom anderen zu unterscheiden.« *(Oetinger)*

Verkörperte Liebe

Das Abendmahl, die Feier der hl. Eucharistie ist der besondere Ort und die sinnenhafte Weise der Vergegenwärtigung des Jesusgeschehens.

»Denn ich habe vom Herrn empfangen, was ich euch dann überliefert habe: Jesus, der Herr, nahm in der Nacht, in der er ausgeliefert wurde, Brot, sprach das Dankgebet, brach das Brot und sagte: Das ist mein Leib für euch. Tut dies zu meinem Gedächtnis! Ebenso nahm er nach dem Mahl den Kelch und sprach: Dieser Kelch ist der Neue Bund in meinem Blut. Tut dies, sooft ihr daraus trinkt, zu meinem Gedächtnis! Denn sooft ihr von diesem Brot eßt und aus dem Kelch trinkt, verkündet ihr den Tod des Herrn, bis er kommt.« (1 Kor 11,23–26)

Das Zeichen des Brotes

Es ist eine Urerfahrung der Menschheit,
daß die eigentlichen
Wirklichkeiten des Lebens
nicht die vergänglichen, materiellen
Dinge und Geschöpfe selbst sind;
die Wirklichkeiten wirken
vielmehr *in* den Dingen
und durch die Dinge hindurch.
In den Dingen nehmen sie
vergängliche Gestalt an.

Das Wesen und alles
Wesentliche der Wirklichkeit

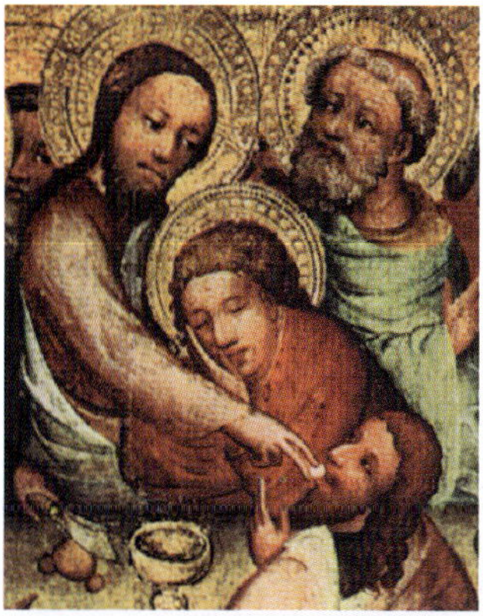

ist unvergänglich.
Das Wesentliche
eines Menschen –
sein Wesen, seine Person,
seine Identität –
ist für kurze Zeit
an die irdische Gestalt
des körperlichen Leibes
gebunden.
Nach der Trennung
von der Körperlichkeit
durch den Tod
sind es die Andenken, Bilder, Reliquien, –
Lieblingsgegenstände des Verstorbenen,
durch die sein Wesen gegenwärtig bleibt,
wenn wir an die Unsterblichkeit glauben.
Bilder, Zeichen, Symbole,
verbunden mit Legenden und
Erzählungen aus der Vergangenheit,
sind die neue Art von Verkörperung,
durch die Begegnung und
Beziehung ermöglicht werden,
wenn der verwesliche Körper gestorben ist.
Für den Glaubenden
ist die Er-Innerung
kein Rückschritt in die Vergangenheit,
sondern ein Fortschritt
in den Bereich des Unvergänglichen.
Letztlich ist alles Vergängliche
Zeichen für das Unvergängliche.

Unser Denken ist heute
so stark materialistisch, technisch
und rationalistisch geprägt,

daß wir die Wirklichkeit der Symbole
oft nicht mehr sehen können,
obwohl wir durch sie leben.
Oft sagen wir: »... ist ja *nur* ein Symbol!«

Indem wir Symbol und Wirklichkeit trennen,
zerstören wir unsere Lebenswirklichkeit,
die Symbolwirklichkeit ist.

Die reale Wirklichkeit des Lebens
umfaßt nicht nur den
irdisch vergänglichen Bereich,
sondern auch den transzendenten,
der sich im Bereich des Materiellen realisiert.
Bei einem herzlichen Händedruck
ist es nicht die Hand, die glücklich macht,
sondern die Herzlichkeit,
die im Händedruck »realisiert« wird.
Kaum jemand wird sagen:
»Ich will nur die Hand,
die lustvolle Berührung; –
auf die Herzlichkeit verzichte ich.«

Ebenso ist es beim Brot,
beim Essen und Trinken.
Es ist heute jedoch besonders schwierig,
die Symbolkraft des Brotes zu gewinnen,
weil sich praktisch im gesamten Triebbereich
das Lustprinzip so stark durchgesetzt hat,
daß der Transzendenzbezug der Triebe
fast völlig verloren ging.

»Der Mensch lebt nicht
vom Brot allein« – sagt Jesus.
Der eigentliche Hunger des Menschen
ist der Hunger nach Liebe,

obwohl er sich dem Genuß des Materiellen
verschrieben hat.
Brot ist mehr als nur Brot.
Die Liebe ist das Herz des Brotes.
Gott zeigt seine Liebe
und macht sie buchstäblich genießbar,
indem er – bei aller Gastronomie –
seine Geschöpfe speist,
die er aus Liebe erschaffen hat.

Nehmt und eßt

Zuerst muß mir die Zeichenhaftigkeit des gewöhnlichen Brotes bewußt werden, damit ich die Symbolwirklichkeit des Jesusbrotes in seiner ganzen Bedeutung erfassen kann. Im Brot verkörpert sich die Liebe des Schöpfers. Statt Verkörperung könnte man auch Realisierung sagen. Die geistige Liebe wird real, d.h. dinglich-sinnlich erfahrbar. Im 6. Kapitel des Johannesevangeliums finden wir eine Eucharistiekatechese aus dem Munde Jesu selbst. Jesus knüpft an an das Manna in der Wüste, durch das Gott sein Volk am irdischen Leben erhielt. Jesus sagt nun: Das eigentliche Brot vom Himmel bin ich. Wenn ein Mensch ewig leben will, braucht er mehr als nur das irdische Brot, nämlich die absolute Liebe, die sich in Jesus verkörpert. Jesus steigert noch einmal und sagt: »Ich bin das *lebendige* Brot vom Himmel.« Und er geht schließlich noch weiter: »Das Brot, das ich geben werde, ist mein Fleisch. Ich gebe es hin für das Leben der Welt« *(Joh 6,51)*.

Dies ist der Höhepunkt. Daß es sich bei »Fleisch« nicht mehr um ein Eiweiß- und Fettprodukt handelt, liegt auf der Hand. »Fleisch« – biblisch gesehen – bedeutet ohnehin immer den ganzen Menschen, sofern er in seiner Körperlichkeit ein total armseliges und hinfälliges Wesen ist. Im Fleisch Jesu ist alles enthalten, was er als Mensch mit seinem sterblichen Körper an ewiger Liebe »realisiert« hat. Und diese Liebe Gottes realisiert, d.h. verkörpert Jesus beim Abendmahl in Brot und Wein, damit wir uns die Liebe Gottes einverleiben und durch unser Leben verwirklichen für das Leben der Welt. Zusammenfassend gesagt, enthält das Sakrament von Brot und Wein also vier Realisierungen der Liebe Gottes: zunächst in Speise und Trank, weiterhin im Fleisch Jesu, d.h. in seiner irdischen Gestalt; und schließlich realisiert Jesus beides in Brot und Wein, damit er sich durch uns in der Welt verwirklicht.

Das Johannesevangelium beschreibt, daß schon viele der damaligen Jünger Jesu diese Lehre unerträglich fanden und Jesus nicht mehr nachfolgten. Bei allem, was Jesus sagte und tat, wollte er nur dies erreichen: Daß wir in ihm bleiben, und daß er in uns bleibt, und daß wir schon vor unserem Tod hinübergehen ins Leben. Mehr als sich den Menschen ganz hingeben, hätte Jesus nicht tun können. Körperlich gibt er sich den Menschen hin am Kreuz. In den Gestalten von Brot und Wein gibt er sich hin zur Einverleibung.

Das Abendmahl hat ein Vorbild im Paschamahl. Denn auch das Paschamahl war ein symbolisches In-sich-Hineinessen der Liebe Gottes, die in der Geschichte Israels offenbar wurde.

Durch die Erinnerung an die geschichtlichen Ereignisse und das Setzen der Symbole in der heiligen Feier wird die Liebe Gottes immer wieder neu real gegenwärtig, damit wir daran Anteil nehmen können und sie weitertragen bis ans Ende der Welt. Einheit, Vergebung, die Fähigkeit zum Teilen sind die Auswirkungen des Brotsakramentes.

Wer erfaßt hat, was beim Abendmahl geschah, und was bei der Feier der Eucharistie geschieht, dem wird deutlich, daß sich Auferstehung bereits beim Abendmahl ereignet, weil Jesus durch die Verkörperung in Brot und Wein sein Leben jetzt schon über die Todesschranke hinweggesetzt. Die Ostererfahrungen bestätigen und verdeutlichen, was beim Abendmahl geschah, und was bei der Eucharistiefeier immer wieder gegenwärtig wird.

Vielleicht können diese Gedanken eine Anregung sein zur praktischen Gestaltung von Festtagen und Festmählern. Sie werden bestimmt viel Freude haben und viel Freude ernten, wenn Sie ein Ostermahl oder überhaupt ein Festmahl bewußt so gestalten, daß der Symbolbereich zur Geltung kommt.

O Gott, von dem wir alles haben,
wir preisen dich für deine Gaben.
Du speisest uns, weil du uns liebst.
So segne auch, was du uns gibst.

Mutterschmerz – Schmerzensmutter

Die Verehrung Marias als der Schmerzensmutter hat in der christlichen Frömmigkeit und in der Kunst starken Ausdruck gefunden. Das Bild der Mutter unter dem Kreuz mit dem Schwert in der Brust enthält hilfreiche Momente für alle Menschen, die im Glauben Trost suchen.

»Bei dem Kreuz Jesu standen seine Mutter und die Schwester seiner Mutter, Maria, die Frau des Klopas, und Maria von Magdala. Als Jesus seine Mutter sah und bei ihr den Jünger, den er liebte, sagte er zu seiner Mutter: Frau, siehe, dein Sohn! Dann sagte er zu dem Jünger: Siehe, deine Mutter! Und von jener Stunde an nahm sie der Jünger zu sich.« *(Joh 19,25–27)*

Mir geschehe

Vieles auf der Welt wäre besser,
ja alles wäre gut,
wenn Gott mehr zur Wirkung käme.
Wir machen alles selbst –
unser Glück,
den Sinn unseres Lebens,
und schicken Gott in den Ruhestand.
Wir zweifeln an Gott,
ob er wohl alles richtig gemacht hat,
als er die Welt und die Menschen schuf.
Mit unseren Nachbesserungen
wollen wir Gott zu Hilfe kommen.

Aber was dabei herauskommt,
ist so trostlos,
daß *wir* nur mehr zu Gott
um Hilfe schreien können.
Er würde auch sofort helfen,
wenn wir ihm den Platz freimachen würden.
Aber es muß der erste Platz sein,
die Mitte unseres Lebens.
Als Randerscheinung kann Gott
in unserem Leben nicht wirken.
Solange wir Göttern huldigen,
die wir nach unserem Bild und
Gleichnis geschaffen haben,
kann uns Gott nicht helfen.

Als Gott dem Menschen die Freiheit gab,
hat er sich selbst zur Passivität bekannt.
Er läßt es geschehen;
er läßt sich gefallen,
was die Menschen treiben,
ohne direkt einzugreifen.
Nur indirekt griff er ein,
indem er die Gebote gab
und Propheten sandte.

Gott klopft nur an;
dann wartet er,
bis sich die Menschen selbst öffnen
und ungezwungen, frei
das »Mir geschehe« sprechen.
Maria ist die Stelle,
wo sich die Menschheit
Gott geöffnet hat,
wo das Tor zum Himmel aufging,
das von unserer Seite her verschlossen war.

Der Weckruf Gottes
ist der Lockruf der Liebe:
»Du bist voll der Gnade«,
d.h. du bist total geliebt.
Den Lockruf der Liebe
vernehmen wohl alle
Menschen;
aber sie wissen nicht,
daß er von Gott kommt.
Und so öffnen sie nur
einem Menschen
und haben keine Kraft,
ihn auszuhalten.

Die höchste Aktivität eines Menschen
ist die Passivität vor Gott:
daß er auf Gott wartet,
auf Gott harrt
und es dann duldet,
wenn Gott wirkt.

Maria, die Knechtin des Herrn,
die sich ganz Gott hingibt,
wird Mutter Gottes.

Das »Mir geschehe« bewirkt,
daß Gott zu mir kommt.
Es bewirkt aber auch,
daß ich Gott so annehmen muß,
wie *er* ist,
d. h. daß ich ihn aushalten
und leiden können muß,
weil Gott immer anders ist,
als ich es mir wünsche.
Das Leiden an Gott,
das Leiden am leidenden Gott,

den Maria gebar,
ist das Schwert des Schmerzes,
das ins Herz der Mutter trifft:
Mutterschmerz – Schmerzensmutter.

Gottesmutter – unsere Mutter

Gott hat Maria erwählt, um durch sie seine Fraulichkeit und Mütterlichkeit zu offenbaren. In der Botschaft des Engels kommt dies zum Ausdruck. Der Engel verkündet: Du Begnadete, du bist voll der Gnade, du hast Gnade gefunden. Maria hat die Gnade, das Erbarmen, d.h. die fraulich-mütterliche Wirklichkeit Gottes, gefunden. Das männlich-väterliche Wesen Gottes liegt im Bereich von Gesetz, Ordnung, Bestimmung und Forderung. Erbarmen ist die bedingungslose Offenheit. Das harte Müssen wird durch das weiche Dürfen harmonisiert. Ich *darf* alles; ich darf so sein, wie ich bin. Natürlich darf ich nicht alles tun, was ich will; aber ich brauche nie Liebesentzug zu befürchten. Ich muß mich nicht selbst fertigmachen. Das Erbarmen Gottes gibt mir Mut, immer wieder neu anzufangen. Im Hohenlied der Liebe im 13. Kapitel des 1. Korintherbriefes ist das Erbarmen großartig beschrieben: »Die Liebe erträgt alles, glaubt alles, hofft alles, hält allem stand. Die Liebe hört niemals auf.« Der Barmherzige kann alles verstehen. Alles verstehen heißt nicht allem zustimmen.

Gott ist verliebt in die Menschheit. Und in dieser Liebe verliebt er sich in Maria. So wird Maria der Zugang zur barmherzigen Liebe Gottes. Wir verehren in Maria nicht eine weibliche Gottheit, sondern die göttliche Weiblichkeit. Maria ist die »Attraktion« Gottes; in ihr wird die Anziehungskraft Gottes erlebbar. Es ist die göttliche Mütterlichkeit, die uns zu Maria zieht.

Aber auch ihre menschliche Mütterlichkeit hat Anziehungskraft: Sie ist Vorbild im Glauben. Eine Mutter hat Erfahrung im Leben, in der Liebe. Wenn ein Kind nicht mehr weiter weiß, geht es zur Mutter, bzw. es wendet sich an den Vater, von dem es Mütterlichkeit, d.h. Verständnis und guten Rat, erwartet. Abraham nennen wir den Vater der Glaubenden, weil er sozusagen »männlich«, d.h. im blinden Vertrauen, getan hat, was Gott wollte. Maria ist die Mutter der Glaubenden, weil sie sozusagen »fraulich«, d.h. im blinden Glauben, ausgehalten hat, was Gott getan hat.

Bei allen Verletzungen des Mutterherzens blieb Maria treu im Glauben. Sie mußte es hinnehmen, daß ihr Gott, gesellschaftlich gesehen, zunächst eine uneheliche Schwangerschaft zumutete. Als sie ihr Kind mit Schmerzen sucht und schließlich findet, stößt sie auf Unverständnis. Als sie im Gedränge zu Jesus will, verleugnet Jesus seine Blutsverwandtschaft: »Das hier sind meine Mutter und meine Brüder. Wer den Willen Gottes erfüllt, der ist für mich Bruder und Schwester und Mutter« *(Mk 3,34)*. Bei der Hochzeit zu Kana, als sich Maria für das Hochzeitspaar einsetzt, erhält sie wieder eine Abfuhr. Und schließlich steht sie unter dem Kreuz und muß erleben, wie ihr Sohn als Verbrecher stirbt.

Wenn man nun einbezieht, daß für Jesus die geistig-geistliche Verwandtschaft den Vorrang hat vor aller Blutsverwandtschaft, dann wird man erkennen, daß sich Jesus in seiner letzten Stunde in diesem Sinn voll zu seiner

Mutter bekennt, indem er sie »Mutter« nennt und ihr seinen Lieblingsjünger als Sohn anvertraut. Die Mystik erkennt hier, daß Jesus seine Mutter zur Mutter aller Menschen erklärt, deren Bruder er selbst geworden ist.

Wenn man den Mutterschmerz versteht als Ablösungsschmerz, als Loslassen, Hergeben, Verzichten, Verzeihen, Treubleiben, ohne zu verstehen, dann könnte man den Mutterschmerz als Mutter aller Seelenschmerzen betrachten. In all unseren Seelenschmerzen sind wir vereint mit Maria. Darum sind wir nicht mehr allein gelassen. Wir haben jemanden, an den wir uns in unserer seelischen Ausweglosigkeit immer wenden können. Maria ist sozusagen unsere Doppelmutter: Sie zeigt uns das Erbarmen Gottes, und andererseits ist sie die glaubende, leiderfahrene Menschenmutter.

Die Verehrung der Schmerzensmutter hat in der christlichen Frömmigkeit eine besondere Bedeutung erlangt. Dies zeigt sich vor allem in den Andachten zu den sieben Schmerzen Mariens. Darin sind die Schmerzen Mariens so zusammengefaßt: Simeon sagt zu Maria: »Deine Seele wird ein Schwert durchdringen«; die Flucht nach Ägypten; der Jesusknabe im Tempel; Begegnung auf dem Kreuzweg; Kreuzigung Jesu; der tote Jesus im Schoß der Mutter; Grablegung Jesu.

Das »Mir geschehe«, das Maria in ihrem Leben Gott gegenüber durchgetragen hat, und das sie zur Schmerzensmutter gemacht hat, ist dasselbe »Mir geschehe«, das Jesus den Menschen gegenüber durchgetragen hat, um die Liebe zu zeigen, die stärker ist als der Haß. »Passivität« heißt Leidensfähigkeit. Hier begegnen wir wieder einer Kontrasteinheit: Die Schwäche des Menschen ist seine Stärke, und die Stärke des Menschen ist seine Schwäche. Ein Mensch, der alles immer selbst machen und bestimmen möchte, weil er nichts erwarten und kommen lassen kann, ist schwach. Und ein Mensch, der in Liebe ausharrt und alles trägt und erträgt, ist letztlich doch der Stärkere. Was ist Schwäche, was ist Stärke? Diese Frage ist objektiv nicht zu klären. Je nach Standpunkt wird sie ein Mensch verschieden beantworten. Paulus sagt: »Weil ich schwach bin, bin ich stark«. Wo Gott wirkt, wird jede menschliche Stärke zur Schwäche. Der Tod ist der große Offenbarer. Er trennt das Wesentliche vom Verweslichen und zeigt die wahre Stärke eines Menschen, die aus der Kraft der Liebe kommt.

Die Tradition erzählt vom leeren Grab der Gottesmutter. Künstler haben es immer wieder dargestellt. Die dabeistehenden Apostel lenken ihren Blick vom leeren Grab zur Herrlichkeit des Himmels, wo aller Erdenschmerz in Freude verwandelt wird. Die Darstellungen der Gottesmutter, besonders in der Barockkunst, und die vielen Marienwallfahrtsorte könnten uns helfen, daß wir immer wieder absehen von unserem Schmerz und aufblicken zur ewigen Herrlichkeit in der Hoffnung, daß sich auch unser Schmerz in Freude verwandelt.

Durch die Aufnahme Mariens in den Himmel und durch ihre Krönung durch Gott wird die Schmerzensmutter zur ewigen Königin des Himmels. Das Ewig-Weibliche in Gott, das dem Menschen Mütterlichkeit verleiht, wird zur Kraft, die uns immer wieder aufrichtet und nach oben zieht. »Das Ewig-Weibliche zieht uns hinan« sagt Goethe.

Als Symbolübung könnten Sie nun folgendes tun, um etwas Abstand von Ihrem Seelenschmerz zu gewinnen: Auf einem schwertförmig zugeschnittenen Papier versuchen Sie, Ihren Schmerz zu artikulieren. Legen Sie dieses Schmerzensschwert an einem Wallfahrtsort oder bei einem Marienbild nieder. Wenn Sie nun das Schwert nach einiger Zeit des Gebetes wieder an sich nehmen, haben Sie vielleicht ein wenig Distanz zu Ihrem Schmerz gewonnen.

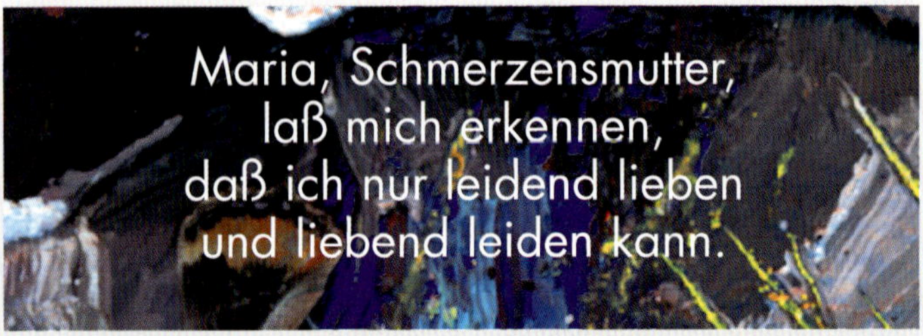

Ostern feiern

Ostern ist mehr als eine Information
über die Auferstehung Jesu.
Ohne Ostererlebnis führt das bloße
Dogma von der Auferstehung
noch nicht zum Osterglauben.
In der Osterfeier, im Reichtum
der österlichen Zeichen, Symbole
und Symbolgeschichten liegen
die Impulse zum Osterglauben,
der natürlich auch dann das Geschenk
des Auferstandenen bleibt.
Die Osterfeier soll uns dahin führen,
daß auch wir sagen können:
Der Herr ist wahrhaft auferstanden;
dessen bin *ich* Zeuge.

»Amen, amen, ich sage euch: Wenn das Weizenkorn nicht in die Erde fällt und stirbt, bleibt es allein; wenn es aber stirbt, bringt es reiche Frucht. Wer an seinem Leben hängt, verliert es; wer aber sein Leben in dieser Welt geringachtet, wird es bewahren bis ins ewige Leben.«
(Joh 12,24–25)

Das Weizenkorn

Im Tod ist Leben.
Freilich wissen wir,
daß das Weizenkorn
biologisch nicht tot ist;

es erscheint nur wie tot.
Aber gerade darum
geht es uns:
In allem, was uns
als tot erscheint,
ist Leben.
Etwas absolut Totes
gibt es nicht.
Aus allem, was
in unserem Leben erstorben ist,
kommt etwas ganz Neues,
wenn wir nicht am Tod festhalten.
Wer am irdischen Leben
absolut festhält,
hält eigentlich am Tod fest.
Wer das irdische Leben absolut setzt,
kann nur mehr den Tod erleben.

Schließlich ist Leben und Sterben dasselbe:
Das Leben stirbt und endet im Tod;
der Tod stirbt und endet im Leben.
Der Mystiker sieht in der Geburt
und im Tod denselben Vorgang;
Anfang und Ende
sind untrennbar verbunden.
In der Geburt und im Tod
trete ich aus einer Lebensphase aus
und in eine neue ein.

Viele sagen: »Ich bin am Ende,
aber ich sehe keinen neuen Anfang«.
Wer so spricht,
ist noch nicht *ganz* am Ende.
Das Neue kann nicht kommen,
bevor das Alte zu Ende ist.

Man kann die Nullpunkte des Lebens
nicht umgehen;
durch sie muß man hindurch.

Das Osterei

Das Ei ist als Lebenssymbol
so alt wie die Menschheit.
Im Christentum ist das Ei
Symbol der Auferstehung.
Die Kunst,
Ostereier zu gestalten,
ist schier grenzenlos.

Die Ei-Symbolik ist ähnlich
wie die des Weizenkorns:
Das Ei muß als Ei zugrundegehen,
damit neues Leben in Erscheinung tritt.
Wer im Ei bleiben will,
wer seelisch immer wieder zurück will
in den bergenden Mutterschoß,
weil er vielleicht zu bequem ist,
selbst zu leben
und an den Widerständen
des Lebens zu wachsen,
der wird nie erwachsen
und kommt nicht zur Reife.

Man weiß heute,
wie notwendig zur Selbständigkeit
die Ablösung von der Mutterbindung ist,
obwohl die Mutterbindung
das Urvertrauen begründet.
Die Mutterbindung
und viele andere Bindungen

sind wie Schalen.
Schalen müssen hüten, halten, bergen.
Aber was die Schalen bergen,
das Leben im Lebendigen,
ist stärker als die Schale;
und irgendwann wird das Leben
alle Schalen sprengen,
um sich zu entfalten.

Was zerbricht,
ist immer nur die Schale;
und es gibt kein Zerbrechen,
aus dem nicht Leben schlüpft.
Das Sprichwort »Rauhe Schale, süßer Kern«,
das von der Nuß genommen ist,
verrät auch die Erfahrung,
daß man den Wert eines Menschen
nicht an seiner Schale messen darf.

Das Osterlicht

Licht und Finsternis
ist auch eine
Gegensatzeinheit,
die in ihrer Symbolkraft
unsere ganze
Lebenswirklichkeit
und Lebensproblematik
widerspiegelt.
Die Macht des Lichtes ist immer stärker
als die Macht der Finsternis.
Wenn Licht und Finsternis beisammen sind,
wird immer die Finsternis erhellt
und nie das Licht verfinstert.
Durch unsere Fenster

fällt das Tageslicht herein.
Die Finsternis fällt nicht hinaus;
sie wird herinnen verwandelt
durch das Licht.

Wenn wir bei der liturgischen Feier
miteinander im finsteren Kirchenraum sitzen,
erleben wir die isolierende
Macht der Finsternis.
Man sieht nichts, erkennt nichts,
hat keine Orientierung.
Man sieht sich selbst nicht mehr.
Das einzig Gemeinsame
ist die Isolation.
In der Finsternis entspringt die Angst
und alle unheimlichen Mächte,
die die Angst hervorbringt.
Wer im Finstern wandelt,
stößt an – sagt Jesus;
er weiß nicht, wohin er geht.

In die Finsternis
zieht nun Christus, das Licht, ein
im Symbol der Osterkerze.
Jesus, der Auferstandene,
das unzerstörbare ewige Licht,
erhellt die Finsternis unseres Lebens
hier auf Erden.
In seinem Licht
erkennen wir das Licht
und können die Irrlichter
der Welt unterscheiden.
Das Licht Christi eint Lebende und Tote
über alle Grenzen von Raum
und Zeit hinweg.

Drei Symbole seien noch angedeutet:

Das Feuer:

Es verwandelt toten Stoff in Licht und Wärme.

Das Wasser:

Es erweckt die tote Erde, so daß die Wüste blüht.

Die aufgehende Sonne:

Sie vertreibt die Nacht.
Untergang und Aufgang sind eine Bewegung.

Wenn Sie an einer Osternachtfeier teilnehmen, haben Sie noch mehr Gewinn, wenn Sie sich auch Zeit zur Vorbereitung nehmen. Die Symbole haben eine stärkere Einwirkung, wenn man sie schon vor der Feier meditiert hat.

Herr, schenke mir durch den Reichtum der österlichen Symbole festen Glauben an das ewige Leben.

Ich bin die Auferstehung und das Leben

Jesus erweckt die Toten zum *ewigen* Leben. Durch den Glauben an Jesus, der nicht nur auferstanden, sondern die Auferstehung ist, können wir eine Beziehung zu unseren Toten aufbauen.

»Marta sagte zu Jesus: Herr, wärest du hier gewesen, dann wäre mein Bruder nicht gestorben. Aber auch jetzt weiß ich: Alles, worum du Gott bittest, wird Gott dir geben. Jesus sagte zu ihr: Dein Bruder wird auferstehen. Marta sagte zu ihm: Ich weiß, daß er auferstehen wird bei der Auferstehung am Letzten Tag. Jesus erwiderte ihr: Ich bin die Auferstehung und das Leben. Wer an mich glaubt, wird leben, auch wenn er stirbt, und jeder, der lebt und an mich glaubt, wird auf ewig nicht sterben. Glaubst du das? Marta antwortete: Ja, Herr, ich glaube, daß du der Messias bist, der Sohn Gottes, der in die Welt kommen soll.

Am Grab rief Jesus mit lauter Stimme: Lazarus, komm heraus! Da kam der Verstorbene heraus; seine Füße und Hände waren mit Binden umwickelt, und sein Gesicht war mit einem Schweißtuch verhüllt. Jesus sagte zu ihnen: Löst ihm die Binden, und laßt ihn weggehen!«

(Aus Joh 11,21–44)

Leere Gräber

Unsere Gräber werden leerer,
je mehr wir Abschied nehmen
vom Verweslichen.

Je mehr wir uns trennen
von unserer eigenen
Verweslichkeit
und das vergängliche
Leben nicht mehr
als das Eigentliche sehen,
werden wir bereit
für die Begegnung mit
dem Wesentlichen,
das unverweslich ist.

Wir müssen den verstorbenen Lebenden
zunächst bei den Toten suchen,
um zu erfahren:
Er ist nicht hier;
er ist auferstanden;
er lebt in Gott.

Bei *ihm,*
in *ihm* finden wir ihn wieder:
In neuer, anderer Begegnung
erleben wir die eigene Auferstehung,
schon bevor der Tod
auch uns befreit
von unserer Verweslichkeit.

Auferweckung

Lazarus – alle Toten sind »Fort-geschrittene«, Menschen, die fortgeschritten sind aus der vergänglichen Form des Daseins in die unvergängliche. Es liegt nun an uns, daß wir »Hinterbliebenen« nicht »hinten« bleiben, sondern durch ihren Fortschritt selbst »fortschrittlich« werden. Das heißt, daß auch wir durch Glaube,

Hoffnung und Liebe innerlich die Schranke des Todes, die Grenze des Vergänglichen, überschreiten und in unserer Trauer die Beziehung zu den geliebten Toten über das Grab hinaus aufbauen. Die Grenze des irdischen Lebens ist nicht die Grenze der Liebe (»vitae non amoris finis«). Der Aufbau solcher Beziehungen, die »Trauerarbeit«, dauert lang, lebenslänglich. Doch können solche Beziehungen tragender werden als manche nur irdischen. Denn sie kann der Tod nicht mehr zerstören, sondern nur vollenden; und wir selbst beginnen in diesen Beziehungen unseren Tod schon zu überwinden; wir wachsen über unser eigenes Grab hinaus. So wird der Tod, der uns im Toten begegnet, zum Befreier: Alle irdischen Nöte und Sorgen erscheinen uns im Licht der Ewigkeit, im ewigen Licht, nicht mehr so wichtig; sie beherrschen uns nicht mehr. Im ewigen Licht wird uns die Vergänglichkeit selbst zum Licht, in dem wir alles Irdische anders sehen lernen. »Das ewige Licht leuchte ihnen«, – nicht nur ihnen, sondern uns auch, schon in dieser Welt.

Wenn wir die Lazarusgeschichte nicht oberflächlich betrachten, kann sie uns tiefen Trost schenken; ja sie kann eine »Stelle« werden, an der der Auferstandene selbst »zur Stelle« ist in unserem Abschiedsschmerz.

Wenn wir die Lazaruserzählung ausschließlich physisch-physikalisch verstehen, bleibt sie sinnlos, – ein sensationelles Happening, ein Gruselfilm wie das Rückwärtslaufen eines irdischen Sterbegeschehens. Was soll eine Wiederbelebung ins irdische Leben? Sie wäre nur eine Verdoppelung des Todes und keine Auferstehung zum ewigen Leben. Johannes will uns mit seiner Geschichte trösten und dazu beitragen, daß wir am Grab dem Auferstandenen selbst begegnen. Diese Begegnung kann nicht an der Oberfläche des Vergänglichen geschehen, sondern nur im Inneren des glaubenden und liebenden Herzens. »Man sieht nur mit dem Herzen gut …« Das durch den Verlustschmerz geöffnete Herz ist in besonderer Weise offen zur Begegnung mit dem Auferstandenen.

Marta sagt *(Maria wiederholt, Vers 33):* »Herr, wärest du hier gewesen, mein Bruder wäre nicht gestorben. Aber auch jetzt weiß ich: Alles, was du von Gott erbittest, wird Gott dir geben. Jesus sagte zu ihr: Dein Bruder wird auferstehen« *(Joh 11,21–23).*

Marta ahnt bereits: In der Gegenwart Jesu hat der Tod keine Macht mehr. Sie glaubt an die Auferstehung ihres Bruders am »letzten Tag«. Sie erahnt aber wohl noch nicht, daß der »letzte Tag« schon »jetzt« sein wird, und daß sie Auferweckung erfahren wird als eigene »Auferweckung von den Toten«, als Überschreitung des irdischen Lebensbereiches, der irdisch betrachtet vom Tod bestimmt ist.

Jesus drückt selbst aus, was in seiner Nähe durch ihn geschehen wird und immer geschieht: »Ich bin die Auferstehung und das Leben … Jeder, der lebt und an mich glaubt, wird in Ewigkeit nicht sterben« *(Joh 11, 25 und 26).*

Das wahre, eigentliche Leben *(hebräisch: chai, – im Deutschen gibt es kein Wort dafür),* das wir jetzt schon im Glauben erfahren und erkennen können, ist nicht dem Tod unterworfen; in der Nähe Jesu können wir jetzt schon »ewig« leben. Je mehr uns im Glauben dieser Überschritt ins Eigentliche gelingt, um so mehr wird uns der Verlust zum unverlierbaren Gewinn. Jesus fragt: »Glaubst du das?« Marta antwortet: »Ja, Herr, ich glaube«. Nicht *vor* dem Glauben, erst *im* Glauben und durch den Glauben wird Auferweckung und Auferstehung an ganz unscheinbaren irdischen Zeichen erfahrbar.

Der Gang zum Grab. Das Grab wird zur »Stelle«, an der Auferweckung erlebt wird: Der Tote ist nicht tot. Der Verwesende verwest nicht: Das Wesentliche eines Menschen, sein Wesen, ist unverweslich. Die verwesliche Gestalt des Leibes verwest. Zunächst muß ich den Geliebten »bei den Toten suchen«, damit mir aufgeht: er ist nicht hier. In der Verwesung des Verweslichen wird die Unverweslichkeit des Wesentlichen offenbar. Diese Offenbarung ist ein Prozeß, der mich wesentlich miteinschließt und verändert. Es kann lange dauern, bis »der Stein weggewälzt ist« und mir aufgeht, daß alle Gräber »leer« sind. Du mußt so lange ans Grab deines Geliebten gehen, bis es »leer« ist und du erkennst: »Er ist nicht hier; er geht voraus!«

Nehmt den Stein weg. Zwischen uns und den Toten liegt ein »Stein«, der den Zugang, die Beziehung, noch blockiert. Ein Hindernis, das wir beseitigen müssen: Es ist unsere irdische Verhaftung, die uns den Überschritt erschwert und die Erkenntnis verhindert, daß auch »im Tod Leben ist«. Die unbeantwortbaren Warum-Fragen müssen wir irgendwann einmal wegrollen, um Durchblick und Zugang zu gewinnen.

Jesus ruft mit lauter Stimme: »Lazarus, komm heraus!« Alle hören es: Er ruft Lazarus, spricht ihn an, nennt ihn beim Namen. Für Jesus ist der Verwesende nicht tot; er ist ansprechbar, rufbar. Jesus tritt vor aller Augen und Ohren

»in Kommunikation« mit dem Toten. Lazarus lebt schon, bevor er »herauskommt«. Hier liegt der »Brennpunkt« des Wunders und die »Anleitung«, wie auch wir auf Geheiß Jesu Tote erwecken können: indem wir sie ansprechen, für sie und zu ihnen beten, in der Gegenwart und durch die Gegenwart Jesu in der heiligen Feier Kontakt aufnehmen (Gedächtnis der Verstorbenen in der Feier der Eucharistie). »Für Gott sind alle lebendig«, die Lebenden und die Toten. Aber uns muß es noch aufgehen, daß unser Gott »ein Gott der Lebenden« ist, zu denen auch unsere Toten gehören. Er ist die Verbindung der Lebenden und Toten, die wir in Gebet und Feier verwirklichen.

Da kam der Verstorbene heraus. *Er* kommt heraus, d.h. *es* kommt heraus, und allen geht auf, daß der Verwesende lebt. Der Tote braucht eigentlich nicht erweckt zu werden; denn nach unserem Glauben lebt er ja bei Gott; ihm wurde »das Leben gewandelt, nicht genommen« (Präfation der Totenmesse). Aber uns, in uns müssen die Toten »erweckt« werden. Dies kann nur Gott, Jesus. Aber wir können es wagen im Vertrauen auf ihn und in seine Nähe, unsere Toten anzurufen. Und wir werden es nicht vergeblich tun; sie werden »herauskommen«, und ihr neues, anderes Dasein kann in unserem Leben immer mehr an »Realität« gewinnen.

Löst ihm die Binden und laßt ihn weggehen!« – Der Evangelist gibt hier selbst einen Hinweis, daß seine Erzählung nicht oberflächlich zu verstehen ist: Wie soll ein Gebundener, das Gesicht verdeckt, aus dem Grab herausgehen können? Der Tote kann erst für uns und in uns wirklich leben, wenn wir ihm die »Binden lösen« und ihn »gehen lassen«. Wir müssen aufhören, ihn festzuhalten und ihn an das frühere irdische Dasein zu fesseln. Gehen lassen, bei Gott leben lassen, nicht zurückzerren in das für ihn schon Vergangene! Laßt ihn gehen, holt ihn nicht zurück; versucht, ihm nachzugehen in der Kraft von Glaube, Hoffnung und Liebe. In der Gegenwart Gottes verliert der Tod seinen »Stachel« – nicht nur für die Toten, sondern vor allem für uns Lebende.

Wenn jemand beim Meditieren der Lazaruserzählung Trost erfährt, ist es Jesus selbst, der neben ihm steht und ihn tröstet. Denn Jesus stand nicht nur irgendwann einmal an einem offenen Grab. Er steht an allen Gräbern. Er steht auch bei allen Toten, die verschollen sind und vielleicht kein Grab gefunden haben, oder deren Grab niemand kennt. Er ist da, auch wenn wir ihn noch nicht oder erst schwach erkennen.

Viele sind es gewohnt, biblische Erzählungen physikalisch, materiell-realistisch zu verstehen. Dabei wird das Geschehen in die Vergangenheit gedrängt, und die Aktualität für die Gegenwart geht weithin verloren. Der aktuelle Gehalt der Erzählungen für unser Leben erschließt sich erst, wenn es uns gelingt, die Symbolkraft der Erzählungen zu gewinnen. Dadurch wird die Frage, ob das damals wirklich so geschah, d.h. ob man die Auferweckung des Lazarus auf Video hätte aufnehmen können, zweitrangig. Ob Realsymbol oder Idealsymbol – was transportiert werden soll, nämlich: »Ich bin die Auferstehung und das Leben« – ist in jedem Fall dasselbe, so daß wir die Frage nach der äußeren Realität getrost offen lassen können.

Wir gehen ans Grab unserer geliebten Toten, um vom Grab »fortzuschreiten« in dem Bewußtsein: Sie sind nicht hier; sie leben bei Gott und durch ihn unverlierbar bei uns.

Herr, schenke mir die Liebe,
die stärker ist als der Tod!

Elmar Gruber bei Don Bosco

Reiß doch die Himmel auf und komm!

Ein Advents- und Weihnachtsbuch
144 Seiten, farbig gestaltet, geb., ISBN 3-7698-1056-2

Die Advents- und Weihnachtszeit ist eine besondere Zeit. Reich an Kunst, Poesie und Symbolen fordert sie heraus, nach den Wurzeln unserer Existenz und nach den Quellen der unzerstörbaren Freude zu suchen. Elmar Gruber begleitet diesen Weg mit biblischen Texten, verdichteten Impulsen, meditativen Anregungen und kurzen Gebeten.

Bilder in mir

Symbolbetrachtungen
156 Seiten, Farbfotos, geb., ISBN 3-7698-1009-0

In der Begegnung mit Bildern werden verschiedene Dimensionen im Menschen angesprochen. Rationale Aspekte kommen zum Tragen, Emotionen werden freigesetzt. Elmar Gruber entschlüsselt in meditativen Texten die Sprache zahlreicher Bilder, Zeichen und Symbole und führt damit zu zentralen Lebensthemen. Die Bilder des Buches werden so zu Bildern im und für den Menschen.

Durch Finsternis ins Licht

Meditationen zu Leiden, Sterben und Auferstehen
76 Seiten, Farbfotos, geb., ISBN 3-7698 0781-2

Meditationen zu den Passionsdarstellungen des sog. Elffenaltars zeigen, wie Jesus in unser Leben treten kann, damit in unserer Finsternis von Konsum, Haß und Gewalt das »Licht des Lebens« aufgehen kann.

Haus Gottes – Haus der Menschen

Meditationen zum Münchner Liebfrauendom
116 Seiten, Farbfotos, geb., ISBN 3-7698-0800-2

Elmar Gruber zeigt in seinem meditativen Rundgang durch den Münchner Liebfrauendom, wie das Kunstwerk als Symbol und Zeugnis für den Glauben der Menschen zur praktischen Lebenshilfe werden kann. Eine gelungene Verbindung von darstellender Kunst und spiritueller Ausdeutung.

Lebenswahrheiten

Auf dem Weg zu mir selbst
168 Seiten, farbig, geb. mit Lesebändchen, ISBN 3-7698-0769-3

Kurze prägnante Aussagen laden ein, eigene Erfahrungen mit dem Leben zu überdenken und bisher vielleicht Ungeahntes für sich selbst zu entdecken.

Frei wie ein Schmetterling

124 Seiten, farbig, geb. mit Lesebändchen, ISBN 3-7698-1000-7

Ein wunderschönes, zart illustriertes Buch voller lebensfroher Aphorismen, die bildhaft um Blume und Schmetterling kreisen.

Mein Leben entdecken

Ein Kursbuch
152 Seiten, farbig, kt., ISBN 3-7698-0807-X

Eine Einladung zu Glauben, die Wege aufzeigt, wie die Suche nach Glück und gelingendem Leben ein Ziel finden kann.

Gott vertrauen – befreites Leben

168 Seiten, Zeichnungen und Fotos, kt., ISBN 3-7698-0630-1

Meditationen für alle, die um Gottvertrauen ringen und Halt und Inhalt für ihr Leben suchen.

Laß Schaf und Wolf zusammen in dir wohnen

Lebensbegriffe meditiert von Elmar Gruber
84 Seiten, kt., ISBN 3-7698-0672-7

Orientierung bei der Selbstfindung geben »herkömmliche« Werte der christlichen Moral, die als zentrale Lebensinhalte auf ihre immer gültige Bedeutung hin durchleuchtet werden.

Was mich im Leben und im Sterben trägt

Glaubensbegriffe meditiert von Elmar Gruber
56 Seiten, kt., ISBN 3-7698-0671-9

Viele Inhalte der christlichen Glaubenslehre sind uns heute fremd geworden. Hier werden Zugänge zu traditionellen Glaubenswahrheiten eröffnet und diese für unsere jeweilige Lebenssituation erschlossen.